上海市中等职业学校
船体修造技术
专业教学标准

上海市教师教育学院（上海市教育委员会教学研究室）编

上海教育出版社
SHANGHAI EDUCATIONAL
PUBLISHING HOUSE

上海市教育委员会关于印发上海市中等职业学校第六批专业教学标准的通知

各区教育局,各有关部、委、局、控股(集团)公司:

为深入贯彻党的二十大精神,认真落实《关于推动现代职业教育高质量发展的意见》等要求,进一步深化上海中等职业教育教师、教材、教法"三教"改革,培养适应上海城市发展需求的高素质技术技能人才,市教委组织力量研制《上海市中等职业学校数字媒体技术应用专业教学标准》等 12 个专业教学标准(以下简称《标准》,名单见附件)。

《标准》坚持以习近平新时代中国特色社会主义思想为指导,强化立德树人、德技并修,落实课程思政建设要求,将价值观引导贯穿于知识传授和能力培养过程,促进学生全面发展。《标准》坚持以产业需求为导向明确专业定位,以工作任务为线索确定课程设置,以职业能力为依据组织课程内容,及时将相关职业标准和"1＋X"职业技能等级证书标准融入相应课程,推进"岗课赛证"综合育人。

《标准》正式文本由上海市教师教育学院(上海市教育委员会教学研究室)另行印发,请各相关单位认真组织实施。各学校主管部门和相关教育科研机构,要根据《标准》加强对学校专业教学工作指导。相关专业教学指导委员会、师资培训基地等,要根据《标准》组织开展教师教研与培训。各相关学校,要根据《标准》制定和完善专业人才培养方案,推动人才培养模式、教学模式和评价模式改革创新,加强实验实训室等基础能力建设。

附件:上海市中等职业学校第六批专业教学标准名单

上海市教育委员会

2023 年 6 月 17 日

附件

上海市中等职业学校第六批专业教学标准名单

序号	专业教学标准名称	牵头开发单位
1	数字媒体技术应用专业教学标准	上海信息技术学校
2	首饰设计与制作专业教学标准	上海信息技术学校
3	建筑智能化设备安装与运维专业教学标准	上海市西南工程学校
4	商务英语专业教学标准	上海市商业学校
5	幼儿保育专业教学标准	上海市群益职业技术学校
6	城市燃气智能输配与应用专业教学标准	上海交通职业技术学院
7	新型建筑材料生产技术专业教学标准	上海市材料工程学校
8	药品食品检验专业教学标准	上海市医药学校
9	印刷媒体技术专业教学标准	上海新闻出版职业技术学校
10	连锁经营与管理专业教学标准	上海市现代职业技术学校
11	船舶机械装置安装与维修专业教学标准	江南造船集团职业技术学校
12	船体修造技术专业教学标准	江南造船集团职业技术学校

目 录

CONTENTS

第二部分
上海市中等职业学校船体修造技术专业必修课程标准

第一部分

上海市中等职业学校
船体修造技术专业教学标准

专业名称（专业代码）

船体修造技术(660501)

入学要求

初中毕业或相当于初中毕业文化程度

学习年限

三年

培养目标

本专业坚持立德树人、德技并修、学生德智体美劳全面发展,主要面向船舶建造、海洋装备制造、船舶修理等企事业单位,培养具有良好的思想品德与职业素养、必备的文化与专业基础,能从事船体装配、船舶焊接等基础工作,具有职业生涯发展基础的知识型、发展型高素质技术技能人才。

职业范围

职业领域	职业（岗位）	职业技能等级证书		
		名称	等级	颁证机构
船体装焊	装配工 冷加工 火工 切割工 电焊工	船体装配工	四级	中国船舶集团 有限公司
		中国船级社 焊工资格证书	—	中国船级社

人才规格

1. 职业素养

- 具有正确的世界观、人生观、价值观,深厚的家国情怀,良好的思想品德,衷心拥护党的领导和我国社会主义制度。
- 具有良好的职业道德,自觉遵守船舶行业相关法规和企业规章制度,具有社会责任感和担当精神。
- 具有爱国奉献、爱岗敬业、严谨细致、精益求精、勇于创新的职业精神。
- 具有船舶行业良好的职业习惯,严格遵守各项生产规范和标准要求,做到按图施工、勤学善思。
- 具有良好的船舶安全意识、质量意识和环保节能意识,严格遵守企业绿色造船相关要求,积极践行绿色低碳发展新理念。
- 具有较强的语言表达能力、人际交流能力,以及良好的集体意识和团队合作意识。
- 具有良好的人文素养与科学素养,并具有一定的国际化视野、创新意识和创新思维。
- 具有进一步学习与船舶修造相关的新工艺、新技术的兴趣和学习能力。

2. 职业能力

- 能查阅与船体修造相关的工艺文件、规范标准和作业指导书。
- 能识别船舶类型、用途、结构、性能和设备装置,并掌握基本造船工艺与流程。
- 能识读船体零件图、结构图和装配图等图样。
- 能绘制机械零件图、船体节点视图。
- 能识别和选用常见的造船材料。
- 能根据设计图纸的要求,按照一定比例完成船体型线放样、船体结构线放样、船体构件和外板的展开,并绘制号料草图和胎架划线草图。
- 能完成焊条电弧焊基本操作、检验并防止焊接缺陷。
- 能完成 CO_2 气体保护焊基本操作、检验并防止焊接缺陷。
- 能使用船体装配工常用工具、量具和夹具。
- 能完成拉划线、钢材切割和零部件加工等操作。
- 能完成 T 型材、板架结构和舾装件等船体部件的装配。
- 能完成胎架制造和船体分段制造。
- 能完成船体分段总组和总段搭载。
- 能完成船体检验、维修与改造,并做好特殊环境安全防护。

主要接续专业

高等职业教育专科：船舶工程技术(460501)、船舶舾装工程技术(460505)、船舶智能焊接技术(460504)

高等职业教育本科：船舶智能制造技术(260501)

工作任务与职业能力分析

工作领域	工作任务	职　业　能　力
1. 施工准备	1-1 阅读工艺文件	1-1-1 能查阅相关工艺文件
		1-1-2 能查阅相关规范标准
		1-1-3 能阅读作业指导书
	1-2 识读图纸	1-2-1 能识读船舶建造工艺符号
		1-2-2 能识读船舶建造工艺图纸
		1-2-3 能识读船舶舾装设备布置等相关图纸
	1-3 图纸绘制	1-3-1 能正确填写标题栏中的零件名称、材料、数量图样比例等信息
		1-3-2 能采用视图、规定画法和简化画法等合理表达零件的结构形状
		1-3-3 能正确标注零件各部分结构形状尺寸、位置尺寸
		1-3-4 能正确绘制节点视图
	1-4 工夹具准备	1-4-1 能根据工作内容选用工具、设备
		1-4-2 能根据工作内容选用工装、夹具
		1-4-3 能正确使用船体装配常用工夹具及设备
	1-5 施工材料核对	1-5-1 能识读相关材料清单
		1-5-2 能进行材料账目管理
		1-5-3 能根据船舶建造相关图纸进行材料选取
		1-5-4 能对船舶建造进行场地准备
	1-6 安全识别与防护	1-6-1 能识别安全警示标识
		1-6-2 能规范穿戴劳防用品
2. 零部件号料与加工	2-1 零部件放样	2-1-1 能根据型线图,用手工放样或数字放样两种方法绘制纵剖图、横剖图和半宽水线图,并符合作图要求
		2-1-2 能运用几何作图法求取实物真实尺寸和真实形状,完成物件展开,并达到展开精度要求
		2-1-3 能根据纵剖图、横剖图和半宽水线图画出安装板架结构图、构件节点图
		2-1-4 能正确标注接缝线、理论线及各种符号,并达到设计要求
		2-1-5 能根据船体结构图画出各类结构件的安装位置、规格尺寸并达到标准要求
		2-1-6 能依据放样数据管理技术,为各道工序提供正确的施工依据

工作领域	工作任务	职　业　能　力
2. 零部件号料与加工	2-2　拉划线	2-2-1　能正确使用水平软管、激光经纬仪等勘线工具，并达到施工要求 2-2-2　能运用角尺法、分中法、平行线法、对角线法等进行绘制现场勘划线，基准线，并达到标准要求 2-2-3　能正确勘划板架型线和结构安装线，并达到施工要求
	2-3　钢材切割	2-3-1　能正确选择钢材切割工艺参数 2-3-2　能调节切割工具和设备的参数 2-3-3　能根据工艺要求完成板材和型材的直线切割 2-3-4　能根据工艺要求完成板材和型材的曲线切割 2-3-5　能完成切割工具的排故和保养 2-3-6　能使用数控割机切割板材和型材
	2-4　零部件加工	2-4-1　能正确选择水火弯板工艺参数 2-4-2　能根据工艺要求完成水火弯板基本操作 2-4-3　能使用水火弯板法矫正零部件的变形
3. 定位焊焊接技能操作	3-1　焊前准备	3-1-1　能正确使用焊接夹具和设备 3-1-2　能正确选择焊接材料 3-1-3　能正确选择焊接工艺规范 3-1-4　能正确清理焊接试件 3-1-5　能根据焊接试件特点选择正确的焊接方法
	3-2　焊条电弧焊基本技能操作	3-2-1　能根据工艺要求进行焊条电弧焊平角焊接 3-2-2　能根据工艺要求进行焊条电弧焊立角焊接 3-2-3　能根据工艺要求进行焊条电弧焊仰角焊接 3-2-4　能根据工艺要求进行焊条电弧焊 V 形坡口平对接焊接
	3-3　CO_2 气体保护焊基本技能操作	3-3-1　能根据工艺要求进行 CO_2 气体保护焊平角焊接 3-3-2　能根据工艺要求进行 CO_2 气体保护焊立角焊接 3-3-3　能根据工艺要求进行 CO_2 气体保护焊仰角焊接 3-3-4　能根据工艺要求进行 CO_2 气体保护焊 V 形坡口平对接焊接
	3-4　定位焊操作	3-4-1　能正确选用与施焊结构相适应的焊接材料 3-4-2　能正确选用定位焊焊接参数 3-4-3　能进行平、立、横三种位置定位焊焊接，并达到标准要求 3-4-4　能修补定位焊产生的焊接缺陷
	3-5　焊后检验	3-5-1　能正确使用焊缝检测尺 3-5-2　能正确分析焊接缺陷 3-5-3　能正确选用焊接缺陷的防止方法 3-5-4　能正确选用焊缝检验方法 3-5-5　能正确识读焊接检验报告

（续表）

工作领域	工作任务	职　业　能　力
4. 部件装配	4-1　平板拼接	4-1-1　能正确使用拼板工具 4-1-2　能正确选择拼板操作方法 4-1-3　能根据工艺要求完成平板拼接 4-1-4　能按照技术要求处理焊缝坡口 4-1-5　能根据标准要求检验板材拼接质量
	4-2　T型材装配	4-2-1　能正确使用 T 型材装配的设备和工具 4-2-2　能正确选择 T 型材装配基准面及操作方法 4-2-3　能根据工艺要求完成 T 型材装配 4-2-4　能根据标准要求检验 T 型材装配质量
	4-3　板架结构装配	4-3-1　能正确使用板架结构装配的设备和工具 4-3-2　能正确选择板架结构装配的工艺程序 4-3-3　能正确选择板架结构装配方法 4-3-4　能根据工艺要求完成板架结构装配 4-3-5　能根据标准要求检验板架结构装配质量
	4-4　船体舾装件装配	4-4-1　能正确使用划线工具和测量工具 4-4-2　能正确选择舾装件装配工艺 4-4-3　能根据工艺要求制作舾装件胎架 4-4-4　能根据工艺要求完成舾装件装配 4-4-5　能根据标准要求检验舾装件装配质量
5. 分段装配	5-1　胎架制造	5-1-1　能根据分段特点确定胎架的类型、结构和基本面 5-1-2　能正确选择胎架的制作工艺 5-1-3　能根据工艺要求进行胎架制造 5-1-4　能根据标准要求检验胎架质量
	5-2　底部分段装配	5-2-1　能根据底部分段结构图选择合适的建造方法和胎架形式 5-2-2　能完成材料划线和切割，并达到精度控制要求 5-2-3　能根据工艺要求进行底部分段装配 5-2-4　能在底部分段装配过程中进行精度控制 5-2-5　能根据标准要求进行分段精度测量
	5-3　甲板分段装配	5-3-1　能根据甲板分段结构图选择合适的建造方法和胎架形式 5-3-2　能完成材料划线和切割，并达到精度控制要求 5-3-3　能根据工艺要求进行甲板分段装配 5-3-4　能在甲板分段装配过程中进行精度控制 5-3-5　能根据标准要求进行分段精度测量

(续表)

工作领域	工作任务	职 业 能 力	
5. 分段装配	5-4 舷侧分段装配	5-4-1	能根据舷侧分段结构图选择合适的建造方法和胎架形式
		5-4-2	能完成材料划线和切割,并达到精度控制要求
		5-4-3	能根据工艺要求进行舷侧分段装配
		5-4-4	能在舷侧分段装配过程中进行精度控制
		5-4-5	能根据标准要求进行分段精度测量
6. 船体总组	6-1 总组准备	6-1-1	能确定船舶总装工艺及规范要求
		6-1-2	能确定总组场地布局
		6-1-3	能完成总装前各分段精度测量
		6-1-4	能根据标准要求完成分段余量切割
	6-2 总组装配	6-2-1	能读懂搭载流程图
		6-2-2	能根据工艺要求正确选择工装和设备
		6-2-3	能分析各种建造方法的优缺点,并合理选用建造方法
		6-2-4	能绘制分段定位线和对合线,并达到精度要求
	6-3 搭载装配	6-3-1	能完成分(总)段的船台(船坞)定位线和对合线,质量符合划线要求
		6-3-2	能根据工艺要求正确选择工装和设备
		6-3-3	能结合装配变形规律,做好各种变形预防工作
		6-3-4	能矫正总段焊接产生的变形
7. 船体检修	7-1 船体修改造准备	7-1-1	能确定船体修改造现场勘验工作流程
		7-1-2	能识读船体修改造项目清单
		7-1-3	能编写生产准备信息单和材料请购单
		7-1-4	能选用设施、设备和工装工具
		7-1-5	能做好修船前的场地准备工作
	7-2 船体修改造施工	7-2-1	能编写船舶修理施工单
		7-2-2	能编写船舶工程进度计划表
		7-2-3	能选用船体修改造过程中的配套材料
		7-2-4	能做好船体修改造过程中的生产进度跟踪与质量管理工作
		7-2-5	能编写完工检验单
	7-3 特殊环境安全防护	7-3-1	能区分明火作业等级
		7-3-2	能分析不同环境作业的危险特点和防护
		7-3-3	能在施工过程中采取安全防护措施

课程结构

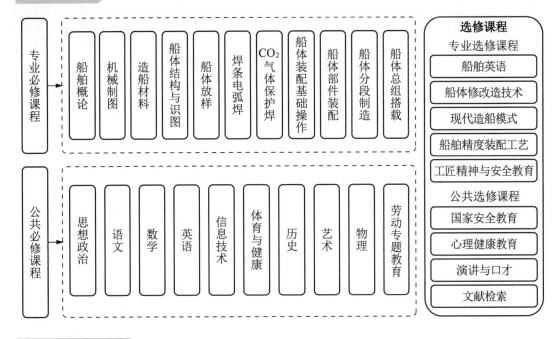

专业必修课程

序号	课程名称	主要教学内容与要求	技能考核项目与要求	参考学时
1	船舶概论	**主要教学内容：** 船舶分类和船型认识；船舶吨位、浮性、操纵性、尺度相关知识；船体强度的概念；船体结构的形式；主船体结构、上层建筑等结构的特点；船体建造工艺和流程相关知识；甲板机械设备的组成、作用和种类；船舶主辅机的构成和作用 **主要教学要求：** 通过学习与训练，学生能对船舶进行分类；能识别不同类型的军用舰船；能区分民用船舶的用途与特点；能识别船舶主要尺度；能分析船型系数对船舶性能的影响；能简单计算船舶航行性能；能识别散货船、油轮等货船的船体结构与上层建筑布局；能分析船舶动力装置的工作原理和结构组成；能识别船舶设备、系统与航海仪器的类型和组成；能归纳船舶建造工艺流程	**考核项目：** 船舶分类；船舶类型区分；船舶结构识别；船舶动力装置区分；船舶设备、系统和航海仪器类型归纳；船舶建造整个工艺流程归纳 **考核要求：** 能达到中国船舶集团有限公司职业技能等级鉴定——船体装配工（四级）考核的相关要求	36

序号	课程名称	主要教学内容与要求	技能考核项目与要求	参考学时
2	机械制图	**主要教学内容：** 几何图形绘制、基本几何体三视图绘制、组合体识读与绘制、机械图样表达、标准件和常用件识读与绘制、零件图识读与绘制、装配图识读与绘制等相关基础知识和基本技能 **主要教学要求：** 通过学习与训练，学生能遵守机械制图国家标准；能进行空间及投影分析；能识图读图；能完成工程图样和草图的绘制	**考核项目：** 完成几何图形绘制、基本几何体三视图绘制、组合体识读与绘制、机械图样表达、标准件和常用件识读与绘制、零件图和装配图的识读 **考核要求：** 能达到中国船舶集团有限公司职业技能等级鉴定——船体装配工（四级）考核的相关要求	72
3	造船材料	**主要教学内容：** 金属学的基本知识；常用金属材料的牌号、性能及用途；热处理的一般原理及其工艺；热处理工艺在焊接生产中的应用 **主要教学要求：** 通过学习与训练，学生能比较分析不同类型金属材料的基本性能；能区分碳素钢、铸铁、合金钢和有色金属的类型、牌号及用途；能分析碳素钢成分、组织和性能及其常用热处理方法	**考核项目：** 金属学的基本知识；常用金属材料的牌号、性能及用途；热处理的一般原理及其工艺；热处理工艺在焊接生产中的应用 **考核要求：** 能达到中国船舶集团有限公司职业技能等级鉴定——船体装配工（四级）考核的相关要求	36
4	船体结构与识图	**主要教学内容：** 绘制结构图示与节点视图、绘制型线图、识读总布置图、识读中横剖面图、识读基本结构图、识读肋骨型线图、识读外板展开图、识读分段划分图、识读余量分布图、识读分段结构图等相关基础知识和基本技能 **主要教学要求：** 通过学习与训练，学生能查阅手册、图册等相关技术资料；能绘制结构图示与节点视图；能识读并绘制船体型线图、总布置图和中横剖面图等船体图样；能初步具备对船体结构图样的分析能力和结构空间（立体）想象力；能识别船体结构图，并进行模型制作和装配	**考核项目：** 结构图示与节点视图的绘制；船体型线图的识读与分析；总布置图的识读与分析；中横剖面图的识读与分析；基本结构图的识读与分析；肋骨型线图与外板展开图的识读与分析；分段划分图与余量分布图的识读与分析；分段结构图的识读与分析 **考核要求：** 能达到中国船舶集团有限公司职业技能等级鉴定——船体装配工（四级）考核的相关要求	72
5	船体放样	**主要教学内容：** 基本几何图形绘制、几何体展开、船体型线及结构线放样、船体外板及结构展开、制作草图、制作样板及样箱等相关基础知识和基本技能	**考核项目：** 尺规作图绘制基本几何图形；几何体展开；船体型线及结构线放样；船体外板及结构展开；制作草图、样板及样箱	72

(续表)

序号	课程名称	主要教学内容与要求	技能考核项目与要求	参考学时
	船体放样	**主要教学要求：** 通过学习与训练,学生能运用尺规作图绘制基本几何图形;能完成典型几何体展开;能绘制船体型线及结构线;能完成船体外板及结构展开;能制作草图、样板及样箱;能使用 CAD 绘图软件完成数学放样	**考核要求：** 能达到中国船舶集团有限公司职业技能等级鉴定——船体装配工(四级)考核的相关要求	
6	焊条电弧焊	**主要教学内容：** 焊条电弧焊准备、焊条电弧焊平敷焊、焊条电弧焊单层平角焊、焊条电弧焊多层平角焊、焊条电弧焊单层立角焊、焊条电弧焊多层立角焊、焊条电弧焊平对接单面焊双面成型、CCS焊条电弧焊钢衬垫平对接等相关基础知识和基本技能 **主要教学要求：** 通过学习与训练,学生能掌握焊接安全技术和劳动保护的相关知识;能掌握焊接电弧基本知识;能掌握弧焊电源的相关要求及焊机的维护和保养;能掌握常用焊条的分类、型号和牌号;能根据要求正确选择焊接工艺参数;能进行焊条电弧焊的基本操作;能识别和检验常见焊接缺陷	**考核项目：** 焊条电弧焊定位焊;焊条电弧焊平角焊;焊条电弧焊立角焊;焊条电弧焊仰角焊;焊条电弧焊平对接单面焊双面成型;CCS焊条电弧焊钢衬垫平对接 **考核要求：** 能达到中国船级社焊工资格证书考核的相关要求	108
7	CO_2 气体保护焊	**主要教学内容：** 焊接操作规范认知、CO_2 气体保护焊单层平角焊、CO_2 气体保护焊多层平角焊、CO_2 气体保护焊单层立角焊、CO_2 气体保护焊多层立角焊、CO_2 气体保护焊仰角焊、CO_2 气体保护焊 V 形坡口平对接、CO_2 气体保护焊焊接缺陷分析等相关基础知识和基本技能 **主要教学要求：** 通过学习与训练,学生能掌握 CO_2 气体保护焊焊接原理;能归纳焊接工艺和操作流程;能正确使用常见焊接设备;能完成 CO_2 气体保护焊平角焊;能完成 CO_2 气体保护焊立角焊;能完成 CO_2 气体保护焊仰角焊;能完成 CO_2 气体保护焊 V 形坡口平对接	**考核项目：** CO_2 气体保护焊定位焊;CO_2 气体保护焊平角焊焊接;CO_2 气体保护焊立角焊焊接;CO_2 气体保护焊仰角焊焊接;CO_2 气体保护焊 V 形坡口平对接焊和 CO_2 气体保护焊焊接缺陷分析 **考核要求：** 能达到中国船级社焊工资格证书考核的相关要求	72

（续表）

序号	课程名称	主要教学内容与要求	技能考核项目与要求	参考学时
8	船体装配基础操作	**主要教学内容：** 装配工具使用、平切割、立切割、横切割、熔马脚、型钢切割、半自动切割、数控切割、装配测量、火工加工与矫正等相关基础知识和基本技能 **主要教学要求：** 通过学习与训练，学生能选用合适的切割工具和设备；能归纳机械切割、火焰切割(气割)、等离子切割、碳弧气刨以及数控切割的基本原理及工艺流程；能遵守切割安全技术规范；能完成船体零件及结构的切割；能分析产生切割缺陷的原因；能检验切割质量	**考核项目：** 装配工具使用；平切割；立切割；横切割；熔马脚；型钢切割；半自动切割；数控切割；装配测量 **考核要求：** 能达到中国船舶集团有限公司职业技能等级鉴定——船体装配工(四级)考核的相关要求	108
9	船体部件装配	**主要教学内容：** 船体小组立结构装配、舾装件装配、船体内底分段平面板架结构装配、船体艏部分段曲面板架结构装配、船体普通肋骨框架结构装配、船体强肋骨框架结构装配等相关基础知识和基本技能 **主要教学要求：** 通过学习与训练，学生能识读生产设计图样及技术文件；能掌握船体部件制造工艺流程；能正确使用船体部件装配相关工具和设备；能选择合适的装配工艺和方法；能完成典型船体小组立结构装配；能完成舾装件装配；能完成典型船体板架结构装配；能完成典型船体框架结构装配；能检测装配质量；能进行装配变形矫正	**考核项目：** 典型船体小组立结构装配；舾装件装配；典型船体板架结构装配；典型船体框架结构装配 **考核要求：** 能达到中国船舶集团有限公司职业技能等级鉴定——船体装配工(四级)考核的相关要求	144
10	船体分段制造	**主要教学内容：** 船体分段制造准备、胎架制造、船体底部分段制造、船体甲板分段制造、船体舷侧分段制造等相关基础知识和基本技能 **主要教学要求：** 通过学习与训练，学生能识读生产设计图样及技术文件；能遵守船体分段制造标准要求；能正确使用船体分段制造相关工具和设备；能选择合适的工艺和方法；能完成分段胎架制造；能完成船体底部分段制造；能完成船体甲板分段制造；能完成船体舷侧分段制造；能完成分段尺寸测量与质量检验	**考核项目：** 分段胎架制造；船体底部分段制造；船体甲板分段制造；船体舷侧分段制造；分段完工质量检验 **考核要求：** 能达到中国船舶集团有限公司职业技能等级鉴定——船体装配工(四级)考核的相关要求	72

(续表)

序号	课程名称	主要教学内容与要求	技能考核项目与要求	参考学时
11	船体总组搭载	**主要教学内容：** 船体总组搭载准备、总组场地布置、总组分段装配、总段搭载等相关基础知识和基本技能 **主要教学要求：** 通过学习与训练，学生能确定船舶总装工艺及规范要求；能确定总组场地布局；能完成总装前各分段精度测量；能根据标准要求完成分段余量切割；能读懂搭载流程图；能根据工艺要求正确选择工装和设备；能分析各种建造方法的优缺点，并合理选用建造方法；能绘制分段定位线和对合线，并达到精度要求；能根据工艺要求正确选择工装和设备；能结合装配变形规律，做好各种变形预防工作；能矫正总段焊接产生的变形	**考核项目：** 船舶总装工艺及规范要求；总组场地布局；分段精度测量；分段余量切割；识读搭载流程图；工装、工具和设备的选用；分析各种船体建造方法；绘制分段定位线和对合线；总段变形的预防措施和矫正 **考核要求：** 能达到中国船舶集团有限公司职业技能等级鉴定——船体装配工（四级）考核的相关要求	72

指导性教学安排

1. 指导性教学安排

课程分类		课程名称	总学时	总学分	各学期周数、学时分配					
					1	2	3	4	5	6
					18周	18周	18周	18周	18周	20周
必修课程	公共必修课程	思想政治 中国特色社会主义	36	2	2					
		思想政治 心理健康与职业生涯	36	2		2				
		思想政治 哲学与人生	36	2			2			
		思想政治 职业道德与法治	36	2				2		
		语文	216	12	4	4	4			
		数学	216	12	4	4	4			
		英语	216	12	4	4	4			
		信息技术	108	6	2	2	2			
		体育与健康	180	10	2	2	2	2	2	
		历史	72	4				4		
		艺术	36	2					2	
		物理	72	4	2	2				
		劳动专题教育	18	1	1					

（续表）

课程分类		课程名称	总学时	总学分	各学期周数、学时分配					
					1	2	3	4	5	6
					18周	18周	18周	18周	18周	20周
必修课程	专业必修课程	船舶概论	36	2	2					
		机械制图	72	4	2	2				
		造船材料	36	2		2				
		船体结构与识图	72	4			4			
		船体放样	72	4				4		
		焊条电弧焊	108	6			3	3		
		CO_2气体保护焊	72	4				4		
		船体装配基础操作	108	6		3	3			
		船体部件装配	144	8				4	4	
		船体分段制造	72	4					4	
		船体总组搭载	72	4					4	
选修课程		其他课程	378	21	由各校自主安排					
岗位实习			600	30						30
合计			3120	170	28	28	28	28	28	30

2. 关于指导性教学安排的说明

（1）本教学安排是三年制指导性教学安排。每学年为 52 周，其中教学时间 40 周（每学期有效教学时间 18 周），周有效学时数为 28—30 学时，岗位实习一般按每周 30 小时（1 小时折合 1 学时）安排，三年总学时数约为 3000—3300 学时。

（2）实行学分制的学校一般按 16—18 学时为 1 学分进行换算，三年制总学分不得少于170。军训、社会实践、入学教育、毕业教育等活动以 1 周为 1 学分，共 5 学分。

（3）公共必修课程的学时数一般占总学时数的三分之一，不低于 1000 学时。公共必修课程中的思想政治、语文、数学、英语、信息技术、体育与健康、历史和艺术等课程，严格按照教育部和上海市教育委员会颁布的相关学科课程标准实施教学。除了教育部和上海市教委规定的必修课程之外，各校可根据学生专业学习需要，开设其他公共基础选修课程或选修模块。

（4）专业课程的学时数一般占总学时数的三分之二，其中岗位实习原则上安排一学期。

要认真落实教育部等八部门印发的《职业学校学生实习管理规定》,在确保学生实习总量的前提下,学校可根据实际需要集中或分阶段安排实习时间。

(5) 选修课程占总学时数的比例不少于 10%,由各校根据专业培养目标,自主开设专业特色课程。

(6) 学校可根据需要对课时比例作适当的调整。实行弹性学制的学校(专业)可根据实际情况安排教学活动的时间。

(7) 学校以实习实训课为主要载体开展劳动教育,其中劳动精神、劳模精神、工匠精神专题教育不少于 16 学时。

▎专业教师任职资格

- 具有中等职业学校教师资格及以上教师资格证书。
- 具有本专业高级工及以上职业资格证书或相应技术职称。

▎实训(实验)装备

1. 船体装配技能实训室

功能:适用于装配操作技能和船体部件装配课程的实训。

主要设备装备标准(按一个标准班 40 人配置):

序号	设备名称	用途	单位	基本配置	应用范围(职业鉴定项目)
1	电焊机	定位焊接	台	40	手工切割训练 半自动切割训练 数控切割训练 小组立结构装配 舾装件装配 板架结构装配 框架结构装配 船体装配工(四级) 职业技能等级鉴定
2	火焰割炬	钢材切割	把	40	
3	角向电动砂轮机	材料打磨	台	5	
4	割圆机	钢材切割	台	2	
5	数控门式切割机	钢材切割	台	2	
6	半自动火焰切割机	钢材切割	套	10	
7	量具	测量检测	套	40	

2. 船体分段制造实训室

功能:适用于船体分段制造课程的实训。

主要设备装备标准(按一个标准班 40 人配置):

序号	设备名称	用途	单位	基本配置	应用范围 （职业鉴定项目）
1	电焊机	分段焊接	台	40	分段胎架制造 船体底部分段制造 船体甲板分段制造 船体舷侧分段制造 分段精度测量
2	火焰割炬	钢材切割	把	40	
3	角向电动砂轮机	材料打磨	台	5	
4	割圆机	钢材切割	台	2	
5	数控门式切割机	钢材切割	台	2	
6	半自动火焰切割机	钢材切割	套	10	
7	量具	放样绘图	套	40	
8	激光经纬仪	分段精度测量	台	5	
9	全站仪	分段精度测量	台	5	

3. 船体智能制造实训室

功能：适用于船体分段制造和船体总组搭载课程的仿真实训。

主要设备装备标准（按一个标准班40人配置）：

序号	设备名称	用　　途	单位	基本配置	应用范围 （职业鉴定项目）
1	平面分段制造仿真实训平台	船舶平面分段制造虚拟仿真	套	40	平面分段仿真制造 曲面分段仿真制造 船体仿真总组搭载
2	曲面分段制造仿真实训平台	船舶曲面分段制造虚拟仿真	套	40	
3	船体搭载仿真实训平台	船体合拢虚拟仿真	套	40	

4. 焊接技能实训室

功能：适用于焊条电弧焊技能、CO_2 气体保护焊技能课程的实训。

主要设备装备标准（按一个标准班40人配置）：

序号	设备名称	用　　途	单位	基本配置	应用范围 （职业鉴定项目）
1	焊条电弧焊焊机	焊条电弧焊实训	台	40	焊条电弧焊实训 CO_2 气体保护焊实训 中国船级社焊工资格证书
2	CO_2 气体保护焊机	CO_2 气体保护焊实训	台	40	
3	数控门式切割机	试板切割	台	2	
4	便携式坡口加工机（小型）	材料加工	台	2	

PART 2

第二部分

上海市中等职业学校
船体修造技术专业必修课程标准

船舶概论课程标准

| 课程名称

船舶概论

| 适用专业

中等职业学校船体修造技术专业

一、 课程性质

船舶概论是中等职业学校船体修造技术专业的一门专业核心课程,也是一门专业必修课程。其功能是使学生掌握船舶类型、用途、结构和性能等基本知识。本课程是船体修造技术专业的通识课程,也是学生后续学习其他专业课程的基础。

二、 设计思路

本课程遵循理论联系实际、学以致用的原则,根据船体修造技术专业的工作任务与职业能力分析结果,以现代造船所需船舶建造相关基础知识为依据而设置。

课程内容紧紧围绕船体修造技术所需的职业能力培养的需要,选取了船舶类型、船体结构、航行性能、动力装置、船舶设备与系统、现代造船模式和船体建造工艺等内容,遵循适度够用的原则,确定相关理论知识、专业技能与要求,并融入船体装配工(四级)职业技能等级证书的相关考核要求。

课程内容组织遵循学生认知规律,以船舶类型、船体结构、船舶设备和船体建造工艺为主线,设计了海洋与船舶认知、军用舰船识别、民用船舶识别、船舶几何形状与航行性能认知、船舶建筑与结构认知、船舶动力装置认知、船舶设备系统与航海仪器认知、现代造船工艺认知八个学习任务。

本课程建议学时数为 36 学时。

三、 课程目标

通过本课程的学习,学生能掌握船舶种类、主要尺度和性能、船舶结构、船舶设备的基础知识,掌握船舶建造工艺和流程,了解船舶建造专业术语和名称,为学好本专业的其他相关课程打下基础,达到船体装配工(四级)职业技能等级证书的相关考核要求,具体达成以下职业素养和职业能力目标。

(一)职业素养目标

- 严格遵守船舶行业规章制度,养成良好的道德品质。
- 热爱船舶工业,坚定职业理想,爱岗敬业。
- 具有良好的集体意识和团队合作意识,积极参与团队学习与实践,主动协助同伴完成任务。
- 具有整合知识和综合运用知识分析问题与解决问题的能力。
- 具有学习船舶建造新知识、新技术、新工艺的兴趣和能力,具有创新和环保意识。

(二)职业能力目标

- 能对船舶进行分类。
- 能区分不同类型船舶的用途与特点。
- 能分析船型系数对船舶性能的影响。
- 能识别散货船、油轮等货船的船体结构与上层建筑布局。
- 能分析船舶动力装置的工作原理和结构组成。
- 能识别船舶设备、动力装置、系统和航海仪器的类型与组成。
- 能分析壳舾涂一体化区域造船的特点。

四、 课程内容与要求

学习任务	技能与学习要求	知识与学习要求	参考学时
1. 海洋与船舶认知	1. 识别船舶类型 ● 能根据船舶用途对船舶进行分类	1. 海洋的作用与意义 ● 说出海洋的分布及海洋对我国的意义 ● 描述海洋对船舶运输的重要性	6

(续表)

学习任务	技能与学习要求	知识与学习要求	参考学时
1. 海洋与船舶认知	● 能根据图片识别各类船舶	● 描述我国航海与造船的发展史 2. 船舶分类方法 ● 归纳常见的船舶分类方法 ● 描述各类船舶的用途、特点、性能及装备	
2. 军用舰船识别	1. 识别军用舰船 ● 能根据外观及武备识别军用舰船的类型	1. 军用舰船的类型及作用 ● 描述海军的战略地位 ● 描述作战舰艇和辅助舰船的种类 ● 描述现代海军主要作战舰艇的使命任务、性能特征及其主要的设备和武器	4
3. 民用船舶识别	1. 识别民用船舶 ● 能区分民用船舶的用途与特点	1. 民用船舶的类型及用途 ● 描述各类运输船舶的分类方法和用途特点 ● 列举特殊性能船艇的分类方法和用途特点	4
4. 船舶几何形状与航行性能认知	1. 识读船舶形状和航行性能指标 ● 能根据船舶主要尺度及其符号识别船舶形状 ● 能绘制船体型线图草图,并标出主要尺度	1. 船舶主要尺度 ● 描述各船舶主要尺度及其含义 ● 描述各船型系数及其含义 ● 描述主要尺度比对船舶性能的影响 2. 船体型线图 ● 描述三个基本投影面及其在船体图中的作用 ● 描述型值的表示方法及型值表的作用 3. 船舶航行性能指标 ● 列举各种船舶航行性能指标 ● 描述各种船舶航行性能指标对船舶性能的影响	4
5. 船舶建筑与结构认知	1. 识读船舶建筑 ● 能根据总布置图识读船舶建筑及舱室配置 ● 能根据舱室布置图解释内部空间的分割原则 2. 识别船舶结构 ● 能根据船体分段图识读船体主要构件名称和材料 ● 能根据图纸分析船体受力 ● 能识别船体各部分的结构 ● 能根据总布置图分析总纵强度、横向强度和局部强度对船舶性能的影响	1. 船舶建筑及舱室 ● 描述船舶建筑的组成形式 ● 描述船舶舱室的配置 2. 船体结构 ● 描述船体主要构件名称和材料 ● 描述板架结构的特点和作用 3. 船体强度 ● 描述总纵强度、横向强度和局部强度定义及受力情况 4. 主船体结构 ● 描述各种外板名称和符号 ● 描述船底、舷侧、甲板结构形式和作用 ● 描述水密舱壁结构形式和作用 5. 上层建筑结构 ● 描述上层建筑受力情况 ● 描述上层建筑形式与结构特点	4

(续表)

学习任务	技能与学习要求	知识与学习要求	参考学时
6. 船舶动力装置认知	1. 识别船舶动力装置 ● 能根据总布置图分析船舶动力装置的含义和组成 ● 能根据外形识别船舶动力装置的类型	1. 船舶动力装置 ● 描述船舶动力装置的含义和组成 ● 描述船舶动力装置的类型 ● 描述船舶柴油机二冲程和四冲程的优缺点 ● 描述船舶轴系的功用和组成	4
7. 船舶设备系统与航海仪器认知	1. 识别船舶设备 ● 能根据功能识别甲板机械设备种类 ● 能根据功能识别航海仪器设备种类	1. 甲板机械设备 ● 描述甲板机械设备的功用和组成 ● 描述锚泊及系泊设备的功用 ● 识别装卸设备、救生设备 2. 航海仪器设备 ● 描述航海仪器的作用和种类 ● 列举航海仪器设备种类	4
8. 现代造船工艺认知	1. 认知一体化区域造船 ● 能通过造船企业参观分析壳舾涂一体化区域造船特点	1. 一体化造船模式的含义 ● 描述现代船舶造船工程的特点和建造方法的演变过程 ● 描述一体化区域造船的概念和特点 2. 造船设计模式 ● 描述现代船舶的设计模式 ● 描述船舶设计模式的发展过程 ● 描述船舶生产设计的作用和内容	6
合计			36

五、 实施建议

(一)教材编写与选用建议

1. 应依据本课程标准编写教材或选用教材,从国家和市级教育行政部门发布的教材目录中选用教材,优先选用国家和市级规划教材。

2. 教材应充分体现育人功能,紧密结合教材内容、素材,有机融入课程思政要求,使课程思政内容与专业知识、技能有机统一。

3. 树立以学生为中心的教材观,在设计教材结构和组织教材内容时应遵循中职学生认知特点与学习规律。

4. 教材表达必须精炼、准确、科学,以实用为主,体现船舶概论课程的基础性和工具性。

5. 教材以学习任务为主线,融入船体修造技术相关工作岗位对职业能力和职业素养的要求,吸收职业技能竞赛对职业能力的要求并结合职业技能认定的要求,把握本课程的知识点和技能点,按照"够用、实用、兼顾发展"的原则,循序渐进地组织教材内容。

6. 教材在整体设计和内容选取时要注重引入船舶行业发展的新技术、新工艺、新方法、新设备,对接相应的船舶工人职业标准和岗位要求,增加创新内容,激发学生的学习兴趣,并吸收先进产业文化和优秀企业文化,创设或引入职业情境,增强教材的职场感。

7. 增强教材对学生的吸引力,编写时应图文并茂,提高学生的学习兴趣,加深学生对船舶概论课程的认知。贴近学生生活,贴近职场,采用图片、图表、视频等去呈现内容,让学生在使用教材时有亲切感、真实感。

（二）教学实施建议

1. 切实推进课程思政建设,深入挖掘课程思政元素,将船舶发展史与专业知识相融合,寓价值观引导于知识传授和能力培养之中,帮助学生塑造正确的世界观、人生观、价值观。

2. 在教学过程中,关注行业发展现状,即时引入新船型,以企业典型产品为任务载体,立足学生知识能力的培养,激发学生的学习兴趣,引导学生掌握船舶类型、船体结构、船舶设备和船体建造工艺等基础知识,为后续专业课程的学习做铺垫。

3. 坚持以学生为中心的教学理念,充分尊重学生,遵循学生认知特点和学习规律,以学为中心设计和组织教学活动。教师应努力成为学生学习的组织者、指导者和陪伴者,积极探索探究式学习、问题导向式学习等多种学习方式,启发学生自主学习,合作探究。

4. 在教学过程中,要及时关注船舶建造相关领域标准、技术、工艺和方法的发展趋势,为学生提供职业生涯发展的空间,努力培养学生的职业能力和创新精神。

（三）教学评价建议

1. 以课程标准为依据,开展基于标准的教学评价。

2. 以评促教,以评促学,通过课堂教学及时评价,不断改进教学方法与手段。

3. 教学评价始终坚持德技并重的原则,构建德技融合的专业课教学评价体系,把德育和职业素养的评价内容与要求细化为具体的评价指标,有机融入专业知识与技能的评价指标体系,形成可观察、可测量的评价量表,综合评价学生的学习情况。通过有效评价,在日常教学中不断促进学生思想品德和职业素养的形成。

4. 注重日常教学中对学生学习的评价,充分利用好多种过程性评价工具,如评价表、记录袋等,积累过程性评价数据,形成过程性评价与终结性评价相结合的评价模式。

（四）资源利用建议

1. 充分发挥现代化信息技术的优势,利用企业的资源,开发多媒体课件,创设生动的生产学习环境,激发学生的学习兴趣,帮助学生理解和掌握知识,提高课堂教学时间的利用率。

2. 充分利用公共开放式实训中心资源,将理论教学与技能实训融为一体,满足学生综合职业能力培养的要求。

3. 充分发挥校企合作的优势,积极组织学生参观造船企业,提高学生对船舶建造流程的感性认识。

机械制图课程标准

▌课程名称

机械制图

▌适用专业

中等职业学校船体修造技术专业

一、 课程性质

机械制图是中等职业学校船体修造技术专业的一门专业核心课程,也是一门专业必修课程。其功能是通过完成几何图形绘制、基本几何体三视图绘制、组合体识读与绘制、机械图样表达、标准件和常用件识读与绘制、零件图识读与绘制、装配图识读与绘制等学习任务,使学生掌握机械制图的基础知识和基本技能。本课程是船体修造技术专业的通识课程,也是学生后续学习其他专业课程的基础。

二、 设计思路

本课程遵循任务引领、理实一体、做学合一的原则,根据船体修造技术专业的工作任务与职业能力分析结果,以船体修造技术专业所需机械制图相关职业能力为依据而设置。

课程内容紧紧围绕完成船体修造技术专业识图和绘图所需的职业能力培养的需要,参照机械制图国家标准,同时充分考虑本专业中职学生对本课程相关理论知识的需要,遵循适度够用的原则,确定相关理论知识、专业技能与要求,并融入船体装配工(四级)职业技能等级证书的相关考核要求。

课程内容组织遵循学生认知规律,以识图读图和工程图绘制为主线,按模块分成工程图幅绘制、基本几何体三视图绘制、机械图样表达、标准件和常用件识读与绘制、零件图识读与绘制、装配图识读与绘制六个学习任务。

本课程建议学时数为 72 学时。

三、 课程目标

通过本课程的学习,学生能具备机械制图的基本理论知识,掌握机械制图的基本技能,具备遵守机械制图国家标准、空间及投影分析、识图读图、工程图绘制、草图绘制和查阅相关标准等能力,养成认真负责的态度、严谨细致的作风、善于沟通合作的品质,学会运用相关理论知识分析和解决实际问题,具体达成以下职业素养和职业能力目标。

(一) 职业素养目标

- 自觉遵守国家法律法规和政策,具有遵纪守法意识。
- 具有认真负责、严谨细致、静心专注、精益求精的工作态度。
- 遵守机械制图国家标准,养成良好的规范操作意识和习惯。
- 具有较强的人际交往和沟通能力,具有团队合作意识。
- 具有学习新技术、新方法的兴趣和能力,具有创新意识。

(二) 职业能力目标

- 能遵守和贯彻机械制图国家标准。
- 能使用常用绘图工具与仪器绘制图样。
- 能掌握标准件和常用件的特殊表达。
- 能识读零件图和装配图。
- 能查阅机械制图国家标准及其他相关标准。

四、 课程内容与要求

学习任务	技能与学习要求	知识与学习要求	参考学时
1. 工程图幅绘制	1. 绘制工程图框与图幅 ● 能正确识读幅面格式和标题栏、明细栏内容 ● 能绘制图纸幅面格式和标题栏、明细栏内容 2. 绘制与标注图线 ● 能根据标准字体的书写要求进行标注 ● 能根据线型应用类型和图线绘制标准绘制图线 ● 能根据尺寸标注的规定,正确标注尺寸	1. 工程图纸的构成 ● 描述图纸的基本幅面分类、图框、标题栏、明细栏格式和尺寸标准 ● 描述比例的定义、分类和常用比例 2. 机械制图文字标准 ● 描述图样中文字书写要求和标准 3. 机械制图线型标准 ● 列举图样的基本线型及应用 ● 说出图线绘制的要求 4. 机械制图标注标准 ● 列举说明尺寸标注的要素、要求和规则 ● 描述不同形状图样和特定要求的尺寸标注方法	4

(续表)

学习任务	技能与学习要求	知识与学习要求	参考学时
2. 基本几何体三视图绘制	1. 绘制正投面 ● 能区分使用不同类型投影方法所得投影 ● 能构建三投影体系并展开绘制在同一平面 2. 作点线面的投影 ● 能作点的投影,判断空间点的位置 ● 能根据直线的投影特性作直线的三面投影 ● 能根据平面的投影特性作平面的三面投影 ● 能根据三视图的投影规律绘制三视图 3. 基本几何体三视图绘制 ● 能绘制平面立体的三视图并作表面点的投影 ● 能绘制曲面立体的三视图并作表面点的投影 ● 能标注基本几何体的尺寸	1. 投影法的特点 ● 描述投影法的概念和分类 ● 说出正投影法的性质 ● 说出三投影体系构建方法和三投影面、投影轴的名称 2. 三视图的形成 ● 描述三视图的形成过程 ● 描述三视图的对应关系和投影规律 3. 点的投影规律 ● 描述点的投影规律 ● 描述点的投影与坐标对应关系 ● 描述根据点的投影判断点的空间位置关系的方法 4. 直线和平面的投影规律 ● 描述直线和平面与投影面的位置关系和投影特性 ● 说出直线和平面在投影体系的投影特性和投影方法 ● 归纳三视图的作图方法 5. 三视图分析方法和作图步骤 ● 描述棱柱、棱锥、圆柱、圆锥、球的三视图分析方法和作图步骤及其表面点的投影特性 ● 列举基本几何体三视图的标注要求 ● 说出基本几何体三视图的标注方法	8
3. 机械图样表达	1. 绘制视图 ● 能根据视图投影规律绘制零件六个基本视图并正确标注 ● 能根据图样表达要求选择并绘制、标注局部视图 ● 能绘制向视图并正确标注 2. 绘制剖视图 ● 能根据剖切平面,解读零件的内部结构 ● 能绘制全剖视图、半剖视图和局部剖视图并正确标注	1. 视图的画法 ● 辨认六个基本视图投影方向和配置关系 ● 描述向视图、局部视图、斜视图表达和绘制方法 2. 剖视图的画法 ● 认知剖视图的概念和种类 ● 描述剖切平面的选择和剖切符号的使用方法 3. 剖视图绘制方法 ● 描述全剖视图、半剖视图和局部剖视图的绘制和标注方法 ● 归纳剖视图的规定画法和注意事项	12

学习任务	技能与学习要求	知识与学习要求	参考学时
3. 机械图样表达	3. 绘制断面图 ● 能绘制移出断面、重合断面并正确标注 4. 绘制局部放大图 ● 能绘制局部放大图并正确配置和标注 ● 能根据图样简化画法的原则与基本要求，绘制简化部分结构	4. 断面图绘制方法 ● 说出断面图的概念和作用 ● 说出剖面图和剖视图的区别 ● 描述移出断面、重合断面的绘图和标注方法 5. 局部放大图绘制方法 ● 说明局部放大图的作用和作图方法 6. 简化画法 ● 描述图样简化画法的原则与基本要求	
4. 标准件和常用件识读与绘制	1. 绘制螺纹和螺纹紧固件 ● 能按照螺纹的规定画法绘制螺纹 ● 能按照国家标准规定标记和标注螺纹 ● 能使用简化画法绘制螺纹和螺纹紧固件并标注 2. 绘制齿轮 ● 能按照国家标准规定标记和标注圆柱齿轮 ● 能计算齿轮绘制参数 ● 能使用简化画法绘制齿轮 3. 绘制和标注键、销 ● 能绘制和标注键、销 4. 绘制和标注滚动轴承 ● 能绘制和标注滚动轴承 ● 能查阅滚动轴承参数	1. 螺纹绘制方法 ● 描述螺纹形成过程和基本概念 ● 说出螺纹的规定画法 ● 描述螺纹标记和标注方法 2. 螺纹紧固件绘制方法 ● 描述螺纹紧固件的类型和标记 ● 描述螺纹紧固件简化绘制和标注方法 3. 齿轮绘制方法 ● 说出齿轮的类型、常用参数和参数计算方法 ● 描述单个圆柱齿轮的绘制规定 ● 描述圆柱齿轮啮合的绘制规定 4. 键的绘制方法 ● 说出键的分类 ● 描述键的绘制和标注方法 5. 销的绘制方法 ● 说出销的分类 ● 描述销的绘制和标注方法 6. 滚动轴承的绘制方法 ● 说出滚动轴承的分类和参数 ● 描述滚动轴承的绘制和标注方法	12
5. 零件图识读与绘制	1. 零件图识读 ● 能识读零件形状、尺寸、表面质量、位置和几何精度 ● 能根据零件图的识读方法分析典型零件的结构	1. 零件图的识读方法 ● 说出零件图的内容和作用 ● 说出零件图视图的选择原则 ● 描述零件图识读的方法和步骤 2. 零件视图的绘制方法	18

（续表）

学习任务	技能与学习要求	知识与学习要求	参考学时
5. 零件图识读与绘制	2. 绘制零件视图 ● 能根据视图的选择原则和表达方法，绘制零件视图 ● 能手绘零件草图 3. 标注零件图 ● 能根据表面结构在图样的标注要求标注表面粗糙度 ● 能正确标注尺寸公差和几何公差 ● 能在零件图中标注热处理的技术要求	● 说出图幅和比例的选择要求 ● 描述主视图和其他视图的选择原则与绘制方法 ● 描述零件过渡表面的画法规定 3. 零件图标注的要求 ● 描述零件图的标注要求 ● 描述表面质量和粗糙度概念 4. 尺寸标注的方法 ● 描述尺寸基准的分类及含义 ● 描述合理选择尺寸基准的方法 ● 描述标注尺寸的原则 5. 公差标注的方法 ● 描述尺寸公差的标注方法 ● 描述几何公差的标注方法	
6. 装配图识读与绘制	1. 识读装配图 ● 能正确识读装配图图纸 2. 绘制简单装配图 ● 能根据装配关系，绘制简单装配图 3. 标注装配图 ● 能根据装配图的尺寸标注要求标注尺寸 ● 能编排装配图的序号和明细 ● 能按技术要求的标注内容标注装配图的技术要求	1. 装配图的识读方法 ● 说出装配图功用和构成要素 ● 描述装配图识读的方法和步骤 2. 装配图的绘制方法 ● 描述装配图视图的选择要求 ● 描述装配图的规定画法和特殊表达方法 3. 装配图的标注方法 ● 描述装配图的尺寸类别 ● 说明装配图的尺寸标注原则和方法 ● 描述装配图零件序号的编排形式和方法 ● 描述标注明细栏的方法 ● 说明标注装配图技术要求的主要内容	18
合计			72

五、 实施建议

（一）教材编写与选用建议

1. 应依据本课程标准编写教材或选用教材，从国家和市级教育行政部门发布的教材目录中选用教材，优先选用国家和市级规划教材。

2. 教材应充分体现育人功能，紧密结合教材内容、素材，有机融入课程思政要求，使课程思政内容与专业知识、技能有机统一。

3. 树立以学生为中心的教材观,在设计教材结构和组织教材内容时应遵循中职学生认知特点与学习规律。

4. 教材表达必须精炼、准确、科学,以实用为主,体现机械制图课程的基础性和工具性。

5. 教材以学习任务为主线,融入船体修造技术相关工作岗位对职业能力和职业素养的要求,吸收职业技能竞赛对职业能力的要求并结合职业技能认定的要求,把握本课程的知识点和技能点,按照"够用、实用、兼顾发展"的原则,循序渐进地组织教材内容。

6. 教材在整体设计和内容选取时要注重引入船舶行业发展的新技术、新工艺、新方法、新设备,对接相应的船舶工人职业标准和岗位要求,增加创新内容,激发学生的学习兴趣,并吸收先进产业文化和优秀企业文化,创设或引入职业情境,增强教材的职场感。

7. 增强教材对学生的吸引力,编写时应图文并茂,提高学生的学习兴趣,加深学生对机械制图课程的认知。贴近学生生活,贴近职场,采用图片、图表、视频等去呈现内容,让学生在使用教材时有亲切感、真实感。

(二)教学实施建议

1. 切实推进课程思政建设,寓价值观引导于知识传授和能力培养之中,帮助学生塑造正确的世界观、人生观、价值观。要深入梳理教学内容,结合课程特点,深入挖掘课程思政元素,有机融入课程教学,达到润物无声的育人效果。

2. 教学要充分体现职业教育"实践导向、任务引领、理实一体、做学合一"的课改理念,紧密联系企业生产实际,把船舶企业典型生产作业任务作为载体,加强对学生实际操作能力的培养,以任务引领、项目教学为指导思想,努力激发学生的学习兴趣。

3. 以项目为教学载体,以学生为学习主体,让学生在完成学习任务的过程中学习知识,以讨论、演示、启发、鼓励等方式进行教学,培养学生独立自主工作的能力,引导学生灵活运用理论知识。

4. 坚持以学生为中心的教学理念,充分尊重学生,遵循学生认知特点和学习规律,以学为中心设计和组织教学活动。教师应努力成为学生学习的组织者、指导者和陪伴者,积极探索探究式学习、问题导向式学习等多种学习方式,启发学生自主学习,合作探究。

5. 坚持理论学习与课程实践相结合,充分利用学校、企业等提供的良好教学实训条件,围绕工学结合,创新教学方法,培养学生的综合职业能力和可持续发展能力。

6. 在教学过程中,要重视本专业领域新标准的贯彻,及时关注技术、工艺、设备的发展趋势,帮助学生养成良好的规范意识和习惯,为学生提供职业生涯发展所需的新知识和新技能。

(三)教学评价建议

1. 以课程标准为依据,开展基于标准的教学评价。

2. 以评促教，以评促学，通过课堂教学及时评价，不断改进教学方法与手段。

3. 教学评价始终坚持德技并重的原则，构建德技融合的专业课教学评价体系，把德育和职业素养的评价内容与要求细化为具体的评价指标，有机融入专业知识与技能的评价指标体系，形成可观察、可测量的评价量表，综合评价学生的学习情况。通过有效评价，在日常教学中不断促进学生思想品德和职业素养的形成。

4. 重视对学生发现问题和解决问题能力的评价，教师可以根据学生提出问题的数量和质量，给予定性评价。充分利用好多种过程性评价工具，如评价表、记录袋等，积累过程性评价数据，形成过程性评价与终结性评价相结合的评价模式。

5. 合理评价学生对基础知识、基本技能的理解和掌握情况，应允许一部分学生经过一段时间的努力，逐步积累知识与技能，进而达成目标。关注评价的多元化，结合学习态度、课程作业、课堂提问、阶段测验、实验实训、技能竞赛及考试等情况，综合评定学生成绩。

6. 应在对学生全面考核的基础上，建立合理的学生成绩评定体系，可采用教师评价与学生自评互评相结合、过程性评价和结果性评价相结合、定性描述和定量评价相结合等方式，综合评价学生的学习成效，使成绩真正能够反映学生的学习情况。

（四）资源利用建议

1. 注重实验实训指导书、实验实训教材的开发和应用。

2. 充分发挥现代化信息技术的优势，利用企业的资源。注重挂图、模型、典型零部件、实物投影、多媒体课件、仿真软件等多种教学手段的合理应用。有效创设形象生动的工作情境，激发学生的学习兴趣，帮助学生理解和掌握知识，提高课堂教学时间的利用率。

3. 深化产教融合，引导企业参与学校专业规划、教材开发、教学设计、课程设置、实习实训，把企业需求融入人才培养环节。推行面向企业真实生产环境的任务式培养模式，以建立企业冠名班、大师工作室、劳模工作室、校内生产性实训基地等方式，满足学生实习实训的需求，同时为学生的就业创造机会。

4. 充分利用公共开放式实训中心资源，将理论教学与技能实训融为一体，满足学生综合职业能力培养的要求。

5. 充分发挥校企合作的优势，积极组织学生参观造船企业，提高学生对船舶行业中机械制图应用场景的认识。

造船材料课程标准

▎课程名称

造船材料

▎适用专业

中等职业学校船体修造技术专业

一、 课程性质

造船材料是中等职业学校船体修造技术专业的一门专业核心课程,也是一门专业必修课程。其功能是使学生掌握金属材料与热处理相关知识和技能。本课程是船体修造技术专业的通识课程,也是学生后续学习其他专业课程的基础。

二、 设计思路

本课程遵循理论联系实际、学以致用的原则,根据船体修造技术专业的工作任务与职业能力分析结果,以船体修造技术专业所需金属材料与热处理相关知识为依据而设置。

课程内容紧紧围绕船体修造所需的职业能力培养的需要,选取了铁碳合金、合金钢、铸钢件和有色金属等内容,遵循适度够用的原则,确定相关理论知识、专业技能与要求,并融入船体装配工(四级)职业技能等级证书的相关考核要求。

课程内容组织遵循学生认知规律,以造船材料的类型、性能和用途为主线,设计了金属的结构与结晶、金属材料的性能、铁碳合金、钢的热处理、合金钢、铸钢件、有色金属七个学习任务。

本课程建议学时数为 36 学时。

三、 课程目标

通过本课程的学习,学生能具备金属材料与热处理的基本知识,为后续课程的学习打下基础,达到船体装配工(四级)职业技能等级证书的相关考核要求,具体达成以下职业素养和职业能力目标。

(一) 职业素养目标

● 具有正确的人生观、价值观和良好的职业操守。

● 遵守相关国家标准,养成良好的规范操作意识和习惯。

- 具有认真负责的工作态度和严谨细致的工作作风。
- 具有较强的人际交往和沟通能力,具有团队合作意识。
- 具有整合知识和综合运用知识分析问题与解决问题的能力。
- 具有学习造船材料相关新工艺、新技术的兴趣和能力。

(二) 职业能力目标

- 能识别常用的金属材料。
- 能区分不同类型造船材料的牌号、结构和用途。
- 能区分不同类型造船材料的物理性能和化学性能。
- 能分析不同类型造船材料的热处理方法。
- 能根据任务要求选择合适的造船材料。

四、 课程内容与要求

学习任务	技能与学习要求	知识与学习要求	参考学时
1. 金属的结构与结晶	1. 区分晶体与非晶体 ● 能正确判断典型物质是晶体还是非晶体 2. 金属的晶格类型识别 ● 能正确区分晶格和晶胞 ● 能正确区分典型金属的晶格类型 3. 判断金属材料晶粒的粗细 ● 能分析金属材料晶粒的粗细 4. 分析纯铁的同素异构转变 ● 能根据纯铁的同素异构转变冷却曲线,分析纯铁的同素异构转变过程	1. 晶体与非晶体 ● 说出晶体与非晶体的性能特点 2. 金属的晶体结构 ● 描述三种常见金属的晶格类型 ● 说出金属晶格类型的结构特点 3. 细化晶粒的方法 ● 列举细化晶粒的几种方法 4. 金属的同素异构转变 ● 解释金属的同素异构转变	4
2. 金属材料的性能	1. 金属材料的物理性能和化学性能区分 ● 能区分不同金属材料的物理性能 ● 能区分不同金属材料的化学性能 2. 金属材料力学性能的计算 ● 能计算不同金属材料的抗拉强度、屈服强度、断后伸长率及断面收缩率 ● 能根据不同材料选择合适的硬度测试方法 3. 分析金属材料的工艺性能 ● 能根据所给金属材料,分析工艺性能	1. 金属材料的物理性能和化学性能 ● 解释密度、熔点、导电性、导热性、热膨胀性、磁性 ● 解释耐腐蚀性和高温抗氧化性 2. 金属材料的力学性能 ● 描述金属材料的强度、塑性指标 ● 描述三种常用硬度测试方法的测量原理、表示方法及应用范围 3. 金属材料的工艺性能 ● 描述金属材料的工艺性能	8

（续表）

学习任务	技能与学习要求	知识与学习要求	参考学时
3. 铁碳合金	1. 分析杂质元素对碳素钢性能的影响 ● 能分析碳素钢中杂质元素的来源及其对钢质量和性能的影响 2. 铁碳合金基本组织的性能特点分析 ● 能分析铁碳合金基本组织的性能特点 3. 铁碳合金相图分析 ● 能绘制铁碳合金相图 ● 能分析铁碳合金相图中的特征线和特征点 4. 碳素钢牌号分析及用途分析 ● 能根据牌号判断钢材的种类 ● 能根据零件用途选择合适的钢材	1. 碳素钢中常存的杂质元素 ● 描述碳素钢中常存的杂质元素 2. 铁碳合金的基本组织 ● 说出五种基本组织名称对应的符号 3. 铁碳合金相图 ● 说出铁碳合金相图中特征线和特征点的含义 4. 碳素钢的分类方法 ● 列举碳素钢的分类方法 5. 碳素钢的表示方法 ● 举例说明碳素钢的表示方法 ● 说出碳素钢牌号的含义	8
4. 钢的热处理	1. 分析热处理的原理 ● 能分析热处理的原理 2. 分析不同材料的热处理方法 ● 能分析不同材料的热处理方法	1. 热处理的特点 ● 描述热处理与铸造、压力加工、焊接和切削加工的不同 2. 热处理基本方法的类型和目的 ● 举例说明热处理基本方法的类型和目的 ● 描述常用淬火介质的冷却特点和应用场合 ● 归纳回火的分类和应用场合	4
5. 合金钢	1. 分析合金元素在钢中的作用 ● 能分析合金元素对钢的组织和性能的影响 2. 合金钢牌号分析及用途分析 ● 能根据牌号判断钢材的种类 ● 能根据零件用途选择合适的钢材	1. 合金元素在钢中的作用 ● 列举合金元素在钢中的作用 2. 合金钢的分类方法 ● 列举合金钢的分类方法 3. 合金钢的表示方法 ● 举例说明合金钢的表示方法 ● 说出合金钢牌号的含义	4
6. 铸钢件	1. 分析铸钢件的石墨化过程 ● 能分析铸钢件石墨化的影响因素 2. 铸钢件牌号分析及用途分析 ● 能根据要求识读不同类型铸钢件的牌号	1. 铸钢件的类型、性能和用途 ● 归纳铸钢件的类型和用途 ● 描述铸钢件的组织和性能的关系 2. 铸钢件的牌号 ● 描述不同类型铸钢件的牌号形式 ● 说出铸钢件牌号的含义	4

（续表）

学习任务	技能与学习要求	知识与学习要求	参考学时
7. 有色金属	1. 区分铝与铝合金 ● 能根据外观区分铝与铝合金 ● 能区分铝与铝合金的性能、牌号及用途 2. 区分铜与铜合金 ● 能根据外观区分铜与铜合金 ● 能区分铜与铜合金的性能、牌号及用途	1. 铝的性能和用途 ● 描述工业纯铝的性能和用途 2. 铝合金的分类和牌号 ● 描述常见铝合金的用途 ● 描述铝合金的牌号形式 3. 铝合金的性能和用途 ● 描述铝合金的性能和用途 4. 铜的性能和用途 ● 描述工业纯铜的性能和用途 5. 铜合金的分类和牌号 ● 描述常见铜合金的用途 ● 描述铜合金的牌号形式 6. 铜合金的性能和用途 ● 描述铜合金的性能和用途	4
合计			36

五、实施建议

（一）教材编写与选用建议

1. 应依据本课程标准编写教材或选用教材，从国家和市级教育行政部门发布的教材目录中选用教材，优先选用国家和市级规划教材。

2. 教材应充分体现育人功能，紧密结合教材内容、素材，有机融入课程思政要求，使课程思政内容与专业知识、技能有机统一。

3. 树立以学生为中心的教材观，在设计教材结构和组织教材内容时应遵循中职学生认知特点与学习规律。

4. 教材在整体设计和内容选取时要注重引入船舶行业发展的新业态、新知识、新技术、新工艺、新方法，对接相应的船舶工人职业标准和岗位要求，增加创新内容，激发学生的学习兴趣，并吸收先进产业文化和优秀企业文化，创设或引入职业情境，增强教材的职场感。

5. 增强教材对学生的吸引力。贴近学生生活，贴近职场，采用图片、图表、视频等去呈现内容，让学生在使用教材时有亲切感、真实感。

（二）教学实施建议

1. 切实推进课程思政建设，寓价值观引导于知识传授和能力培养之中，帮助学生塑造正确的世界观、人生观、价值观。要深入梳理教学内容,结合课程特点,深入挖掘课程思政元素,有机融入课程教学,达到润物无声的育人效果。

2. 在教学过程中,要关注金属材料与热处理领域技术、工艺、方法的发展趋势。应贯彻任务引领的指导思想,立足学生综合能力的培养,激发学生的学习兴趣,发展学生的综合职业能力。

3. 坚持以学生为中心的教学理念,充分尊重学生,遵循学生认知特点和学习规律,以学为中心设计和组织教学活动。教师应努力成为学生学习的组织者、指导者和陪伴者,积极探索探究式学习、问题导向式学习等多种学习方式,启发学生自主学习,合作探究。

4. 充分调动学生学习的积极性、能动性,采取灵活多样的教学方式,积极探索自主学习、合作学习、探究式学习、问题导向式学习、体验式学习、混合式学习等体现教学新理念的教学方式。

5. 在教学过程中,强调师生的信息交流和思想沟通,教师应及时了解学生对专业学习的需求,并与学生共同探讨解决的办法,提倡师生共创或改进教学情境、条件,提高学生的主体意识和参与精神。

(三)教学评价建议

1. 以课程标准为依据,开展基于标准的教学评价。

2. 以评促教,以评促学,通过课堂教学及时评价,不断改进教学方法与手段。

3. 教学评价始终坚持德技并重的原则,构建德技融合的专业课教学评价体系,把德育和职业素养的评价内容与要求细化为具体的评价指标,有机融入专业知识与技能的评价指标体系,形成可观察、可观测的评价量表,综合评价学生的学习情况。通过有效评价,在日常教学中不断促进学生思想品德和职业素养的形成。

4. 注重日常教学中对学生学习的评价,充分利用好多种过程性评价工具,如评价表、记录袋等,积累过程性评价数据,形成过程性评价与终结性评价相结合的评价模式。

5. 合理评价学生对基础知识、基本技能的理解和掌握情况,应允许一部分学生经过一段时间的努力,逐步积累知识与技能,进而达成目标。关注评价的多元化,结合学习态度、课程作业、课堂提问、阶段测验及考试等情况,综合评定学生成绩。

6. 应在对学生全面考核的基础上,建立合理的学生成绩评定体系,可采用教师评价与学生自评互评相结合、过程性评价和结果性评价相结合、定性描述和定量评价相结合等方式,综合评价学生的学习成效,使成绩真正能够反映学生的学习情况。

(四)资源利用建议

1. 注重实验实训指导书、实验实训教材的开发和应用。

2. 充分发挥现代化信息技术的优势,利用企业的资源,开发多媒体课件,创设生动的生产学习环境,激发学生的学习兴趣,帮助学生理解和掌握知识,提高课堂教学时间的利用率。

3. 深化产教融合,引导企业参与学校专业规划、教材开发、教学设计、课程设置、实习实训,把企业需求融入人才培养环节。推行面向企业真实生产环境的任务式培养模式,以建立企业工作室、实验室、创新基地、实训基地等方式,满足学生实习实训的需求,同时为学生的就业创造机会。

4. 充分利用公共开放式实训中心资源,将理论教学与技能实训融为一体,满足学生综合职业能力培养的要求。

船体结构与识图课程标准

┃课程名称

船体结构与识图

┃适用专业

中等职业学校船体修造技术专业

一、 课程性质

船体结构与识图是中等职业学校船体修造技术专业的一门专业核心课程,也是一门专业必修课程。其功能是使学生掌握船体基本结构特点和船体图样识图的基本应用技能。本课程是船体修造技术专业的必修课程,也是学生后续学习其他专业课程的基础。

二、 设计思路

本课程遵循任务引领、理实一体、做学合一的原则,根据船体修造技术专业的工作任务与职业能力分析结果,以船体结构与识图相关工作任务与职业能力为依据而设置。

课程内容紧紧围绕船体结构与识图所需的职业能力培养的需要,同时充分考虑本专业学生的认知能力,遵循适度够用的原则,确定相关理论知识、专业技能与要求,并融入船体装配工(四级)职业技能等级证书的相关考核要求。

课程内容组织遵循学生认知规律,以船体结构与识图中的典型工作任务为主线,设计了船体图样基本幅面的绘制、船体基本结构认知、节点视图的识读与绘制、节点轴测图的识读与绘制、基座装配图的识读与绘制、型线图的识读与绘制、识读总布置图、识读中横剖面图、识读基本结构图、识读肋骨型线图、识读外板展开图、识读分段划分图、识读分段结构图十三个学习任务,以任务为引领,整合相关知识、技能与职业素养。

本课程建议学时数为72学时。

三、 课程目标

通过本课程的学习,学生能具备识读、分析船舶设计图纸和船舶工程图纸的能力,提升空间思维能力,分析放样、装配等生产过程中的问题,达到船体装配工(四级)职业技能等级证书的相关考核要求,具体达成以下职业素养和职业能力目标。

(一)职业素养目标

- 具有良好的职业道德,自觉遵守船舶行业相关法规和企业规章制度,具有社会责任感和担当精神。
- 具有良好的职业习惯,严格遵守各项生产规范和标准要求,做到按图施工、勤学善思。
- 具有良好的集体意识和团队合作意识,会协调解决实际技术问题。
- 具有学习新技术、新方法的兴趣和能力,具有创新精神。

(二)职业能力目标

- 能查阅手册、图册等相关技术资料。
- 能绘制结构图示与节点视图。
- 能识读船体型线图、总布置图和中横剖面图等各类船体图样。
- 能初步建立对船体结构图样的分析能力和结构空间(立体)想象力。
- 能识别船体结构图,并进行模型制作和装配。

四、 课程内容与要求

学习任务	技能与学习要求	知识与学习要求	参考学时
1. 船体图样基本幅面的绘制	1. 识读金属船体制图标准 ● 能识读国家标准《金属船体制图》和《技术制图标题栏》,并归纳其中对船体图样的基本要求 2. 绘制船体图样幅面 ● 能选用合适的图纸幅面并绘制图纸边框 ● 能绘制船体图样的标题栏、明细栏和反向图号栏	1. 船体图样类型和应用场景 ● 说出船体图样的基本类型和应用场景 2. 船体图样幅面和格式要求 ● 描述船体图样的图纸幅面特点和格式要求 ● 描述船体图样比例选用的要求 ● 描述标题栏、明细栏和反向图号栏的内容及格式要求	4
2. 船体基本结构认知	1. 识别船体结构 ● 能识别船体艏部区域结构特点 ● 能识别船体货舱区域结构特点 ● 能识别船体艉部区域结构特点	1. 板架结构 ● 描述板架结构的组成、特点和作用 2. 船体基本结构 ● 描述各种外板名称和符号	4

（续表）

学习任务	技能与学习要求	知识与学习要求	参考学时
2. 船体基本结构认知	2. 识别油船结构 ● 能识别油船艏部区域结构特点 ● 能识别油船货舱区域结构特点 ● 能识别油船艉部区域结构特点 3. 识别集装箱船结构 ● 能识别集装箱船艏部区域结构特点 ● 能识别集装箱船货舱区域结构特点 ● 能识别集装箱船艉部区域结构特点	● 描述船底、舷侧、甲板结构形式和作用 ● 描述水密舱壁结构形式和作用 3. 船体结构 ● 描述船体艏部、货舱和艉部区域结构特点 4. 油船结构 ● 描述油船艏部、货舱和艉部区域结构特点 5. 集装箱船结构 ● 描述集装箱船艏部、货舱和艉部区域结构特点	
3. 节点视图的识读与绘制	1. 识读节点视图 ● 能正确识读节点视图,分析其结构组成和尺寸特点 2. 绘制板材与型材的简化图 ● 能归纳板材与型材的表达形式及作用 ● 能绘制板材与型材的简化图 3. 绘制支柱节点视图 ● 能正确绘制支柱节点视图	1. 船用板材与型材 ● 说出常见船用板材与型材的类型及特点 ● 描述板材在图纸中的表达形式及作用 ● 描述型材在图纸中的表达形式及作用 2. 节点视图的特点 ● 描述节点视图的特点和作用 3. 节点视图的绘图步骤 ● 描述节点视图的绘图步骤和要点	8
4. 节点轴测图的识读与绘制	1. 识读节点轴测图 ● 能正确识读节点轴测图,分析其结构组成和尺寸特点 2. 绘制型材的轴测图 ● 能绘制型材的轴测图 3. 绘制旁内龙骨节点视图 ● 能选择正确的视向、轴测轴位置及比例 ● 能绘制旁内龙骨节点视图	1. 船体图样中常用的轴测图画法 ● 描述船体图样中常用的轴测图画法及绘图步骤 2. 轴测图的视向 ● 描述轴测图的四种视向及其表达的内容 3. 平行关系 ● 描述轴测图里的平行关系 4. 视向与轴测轴的位置关系 ● 描述四种视向与轴测轴的位置关系 5. 绘图步骤 ● 描述旁内龙骨节点视图的绘图步骤	8

(续表)

学习任务	技能与学习要求	知识与学习要求	参考学时
5. 基座装配图的识读与绘制	1. 识读基座装配图 ● 能正确识读水平基座、漏斗基座和模拟烟筒基座的装配图，分析其外形特点 2. 绘制水平基座零件图 ● 能结合基座三视图，分别绘制水平基座、漏斗基座和模拟烟筒基座零件图 3. 检测绘图质量 ● 能结合标准要求检测绘图质量	1. 基座装配图的特点 ● 描述基座装配图的组成和作用 ● 描述基座装配图的内容和特点 2. 绘制零件图的步骤 ● 描述绘制零件图的步骤	8
6. 型线图的识读与绘制	1. 识读型线图 ● 能正确识读型线图 ● 能结合型线图分析船体外形特点 2. 绘制型线图 ● 能绘制船舶型线图	1. 型线图的组成及作用 ● 描述型线图的组成及作用 2. 型线图的识读方法 ● 描述型线图的识读方法 3. 型线图的绘图步骤 ● 描述型线图的绘图步骤	8
7. 识读总布置图	1. 识读总布置图 ● 能正确识读总布置图 2. 分析舱室布局特点 ● 能结合总布置图，分析舱室布局特点	1. 总布置图的表述方式 ● 描述总布置图中舱室布局的表述方式 2. 图纸表述的内容 ● 描述总布置图中表述的船舶结构特点	4
8. 识读中横剖面图	1. 判断中横剖面图 ● 能判断出中横剖面图中船体构件的类型、位置和安装方向 2. 分析结构特点 ● 能结合中横剖面图，正确分析船舶结构特点	1. 中横剖面图的表述方式 ● 描述中横剖面图中船体零件的表述方式 2. 图纸表述的内容 ● 描述中横剖面图中表述的船舶结构特点	4
9. 识读基本结构图	1. 判断基本结构图 ● 能判断出基本结构图中船体构件的类型、位置和安装方向 2. 分析结构特点 ● 能结合基本结构图，正确分析船舶结构特点	1. 基本结构图的表述方式 ● 描述基本结构图中船体零件的表述方式 2. 图纸表述的内容 ● 描述基本结构图中表述的船舶结构特点	4

学习任务	技能与学习要求	知识与学习要求	参考学时
10. 识读肋骨型线图	1. 识读肋骨型线图 ● 能正确识读肋骨型线图 2. 分析结构特点 ● 能结合肋骨型线图，正确分析船体结构特点 ● 能结合肋骨型线图，正确分析船体外板和构件的位置、尺寸	1. 肋骨型线图的组成和表述的内容 ● 描述肋骨型线图的组成和表述的内容 ● 描述肋骨型线图中的图线及其含义 2. 识读步骤 ● 描述肋骨型线图的识读步骤和方法	4
11. 识读外板展开图	1. 识读外板展开图 ● 能正确识读外板展开图 2. 分析外板布置情况 ● 能结合外板展开图，正确分析船体外板的位置、尺寸	1. 外板展开图的组成和表述的内容 ● 描述外板展开图的组成和表述的内容 ● 描述外板展开图中的图线及其含义 2. 识读步骤 ● 描述外板展开图的识读步骤和方法	4
12. 识读分段划分图	1. 识读分段划分图 ● 能正确识读分段划分图 2. 分析分段划分特点 ● 能结合分段划分图，正确分析分段划分情况 ● 能结合分段划分图，正确分析每个分段的位置、尺寸	1. 分段划分图的组成和表述的内容 ● 描述分段划分图的组成和表述的内容 ● 描述分段划分图中的图线及其含义 2. 识读步骤 ● 描述分段划分图的识读步骤和方法	4
13. 识读分段结构图	1. 检查分段结构图 ● 能正确检查分段结构图 2. 分析分段结构图 ● 能结合多张图纸，正确分析分段中每个零件、部件和结构的特点 3. 制作分段模型 ● 能结合图纸，制作船体分段模型	1. 分段结构图的组成和作用 ● 说出分段结构图的组成、特点及作用 2. 图纸信息 ● 描述图纸中理论线、水密线、肋位号及开孔符号等工艺信息的要求	8
合计			72

五、 实施建议

（一）教材编写与选用建议

1. 应依据本课程标准编写教材或选用教材，从国家和市级教育行政部门发布的教材目录中选用教材，优先选用国家和市级规划教材。

2. 教材应充分体现育人功能，紧密结合教材内容、素材，有机融入课程思政要求，使课程思政内容与专业知识、技能有机统一。

3. 以工作任务为主线来设计教材,结合职业技能鉴定要求,以适度够用为原则来确定教学内容,并根据完成专业教学任务的需要来组织教材内容。

4. 教材应体现通用性、实用性、先进性,反映本专业的新工艺、新技术、新知识,体现数字化造船、精度造船和绿色造船对从业人员综合素质的需求。教学活动的选择和设计要科学、具体、可操作。

5. 教材编写应充分考虑中职学生的年龄特点和认知能力,教材文字表述应精练、准确、科学,内容展现应做到图文并茂,力求易学、易懂。

(二)教学实施建议

1. 切实推进课程思政建设,寓价值观引导于知识传授和能力培养之中,帮助学生塑造正确的世界观、人生观、价值观。要深入梳理教学内容,结合课程特点,深入挖掘课程思政元素,有机融入课程教学,达到润物无声的育人效果。

2. 教学要充分体现职业教育"实践导向、任务引领、理实一体、做学合一"的课改理念,紧密联系企业生产实际,把船舶企业典型生产作业任务作为载体,加强对学生实际操作能力的培养,以任务引领、项目教学为指导思想,努力激发学生的学习兴趣。

3. 以项目为教学载体,以学生为学习主体,让学生在完成学习任务的过程中学习知识,以讨论、演示、启发、鼓励等方式进行教学,培养学生独立自主工作的能力,引导学生灵活运用理论知识。

4. 坚持以学生为中心的教学理念,充分尊重学生,遵循学生认知特点和学习规律,以学为中心设计和组织教学活动。教师应努力成为学生学习的组织者、指导者和陪伴者,积极探索探究式学习、问题导向式学习等多种学习方式,启发学生自主学习,合作探究。

5. 坚持理论学习与课程实践相结合,充分利用学校、企业等提供的良好教学实训条件,围绕工学结合,创新教学方法,培养学生的综合职业能力和可持续发展能力。

(三)教学评价建议

1. 以学习目标为评价标准,采用阶段评价、目标评价、理论与实践一体化评价等评价模式。

2. 关注评价的多元化,结合课堂提问、学生作业、平时测验、实训操作及考试等情况,综合评定学生成绩。

3. 重视并加强对职业素养的评价,以评价促进学生职业素养的养成。重点关注对学生文明生产、安全意识、责任意识、质量意识、标准意识等职业素养的评价。注重过程性评价,注意积累过程性评价资料。

（四）资源利用建议

1. 注重课堂配套练习册、图册的开发和应用。

2. 注重多媒体教学资源库、多媒体教学课件、多媒体仿真软件等现代化教学资源的开发和利用，努力实现跨学校多媒体资源的共享，以提高课程资源的利用率。

3. 积极开发和利用网络课程资源，充分利用数字图书馆、教育网站和电子论坛等网络信息资源。

4. 充分利用学校的实训设施设备，将理论教学与技能实训融为一体，满足学生综合职业能力培养的要求。

船体放样课程标准

┃ 课程名称

船体放样

┃ 适用专业

中等职业学校船体修造技术专业

一、 课程性质

船体放样是中等职业学校船体修造技术专业的一门专业核心课程,也是一门专业必修课程。其功能是通过完成基本几何图形绘制、几何体展开、船体型线及结构线放样、船体外板及结构展开等学习任务,使学生掌握船体放样相关基础理论知识及基本技能。本课程是船体修造技术专业的必修课程,也是学生后续学习其他专业课程的基础。

二、 设计思路

本课程遵循任务引领、理实一体、做学合一的原则,根据船体修造技术专业的工作任务与职业能力分析结果,以船体放样相关工作任务与职业能力为依据而设置。

课程内容紧紧围绕船体放样所需的职业能力培养的需要,选取了基本几何图形绘制、几何体展开、船体型线及结构线放样、船体外板及结构展开等内容,遵循适度够用的原则,确定相关理论知识、专业技能与要求,并融入船体装配工(四级)职业技能等级证书的相关考核要求。

课程内容组织遵循学生认知规律,以船体放样中的典型工作任务为主线,设计了"基本几何图形绘制,几何体展开,船体型线及结构线放样,船体外板及结构展开,草图、样板及样箱制作,船体数学放样"六个学习任务,以任务为引领,整合相关知识、技能与职业素养。

本课程建议学时数为 72 学时。

三、 课程目标

通过本课程的学习,学生能具备手工放样的基础能力,能根据构件形状采用合适的方法对船体构件进行展开,绘制号料草图和胎架划线草图,了解比例放样和数学放样的特点,绘制基本几何图形,完成典型几何体展开,完成船体结构放样和展开,达到船体装配工(四级)职业技能等级证书的相关考核要求,具体达成以下职业素养和职业能力目标。

(一)职业素养目标

● 具有良好的职业道德,自觉遵守船舶行业相关法规和企业规章制度,具有社会责任感和担当精神。

● 具有良好的职业习惯,严格遵守各项生产规范和标准要求,做到按图施工、勤学善思。

● 具有良好的集体意识和团队合作意识,会协调解决实际技术问题。

● 具有学习新技术、新方法的兴趣和能力,具有创新精神。

(二)职业能力目标

● 能熟练使用曲线板、样条、钢卷尺等船体放样工具。

● 能运用尺规作图,绘制基本几何图形。

● 能完成典型几何体展开。

● 能完成船体型线及结构线放样。

● 能完成船体外板及结构展开。

● 能绘制船体放样相关的各类草图,制作样板及样箱。

● 能使用绘图软件完成数学放样。

四、 课程内容与要求

学习任务	技能与学习要求	知识与学习要求	参考学时
1. 基本几何图形绘制	1. 船体放样工具使用 ● 能分辨不同尺寸的绘图纸张 ● 能根据要求选择不同粗细的铅笔作图 ● 能熟练使用直尺、三角尺、曲线板、样条等手工放样工具 ● 能熟练使用绘图软件等计算机放样工具 2. 过线段端点作垂线 ● 能运用三规法、半圆法等方法绘制线段的垂线	1. 船体放样常用工具种类、规格、应用场合 ● 描述船体放样常用工具种类与规格 ● 举例说明船体放样常用工具应用场合 2. 过线段端点作垂线的方法 ● 描述三规法的作图步骤 ● 描述半圆法的作图步骤 ● 描述使用卷尺和粉线作垂线的步骤 ● 描述垂直平分线法的作图步骤 ● 描述计算法的作图步骤	8

（续表）

学习任务	技能与学习要求	知识与学习要求	参考学时
1. 基本几何图形绘制	3. 角的绘制及等分 ● 能运用作图方法作一角等于已知角 ● 能运用近似方法作任意度数的角 ● 能完成任意角的二等分、直角和钝角近似三等分 ● 能运用近似作法完成角的任意等分 4. 圆的等分 ● 能完成圆的三、六和十二等分 5. 绘制特大圆弧和梁供曲线 ● 能绘制特大圆弧和梁供曲线	3. 角的作法 ● 描述作一角等于已知角的步骤 ● 描述任意度数的角的作法 4. 角的等分作法 ● 描述角的二等分、近似三等分的作法 5. 圆的等分作法 ● 描述圆的三、六和十二等分的作法 6. 特大圆弧和梁供曲线的作法 ● 描述圆的等分、特大圆弧、椭圆和梁供曲线的画法及原理	
2. 几何体展开	1. 鉴别空间直线的类型 ● 能鉴别垂直线、平行线和空间一般位置直线 2. 求空间一般位置直线实长 ● 能分别运用旋转法、直角三角形法、换面法和直线法作图求直线实长 3. 求曲线实长 ● 能运用换面法、直线法和展开作图法作图求曲线实长 4. 几何体展开 ● 能完成棱柱、四棱锥、圆锥和斜圆锥等基本形体的展开作图 ● 能完成弯头和过度接头的展开作图 ● 能完成不可展开曲面的近似展开作图 5. 板厚的处理 ● 能完成圆管、圆锥管、方管及圆方过度接头等单件板厚的展开作图 ● 能完成板厚相贯件的展开作图	1. 空间直线的类型 ● 描述水平线、正平线和侧平线的特点 ● 描述铅垂线、正垂线和侧垂线的特点 ● 描述空间一般位置直线的特点 2. 求空间一般位置直线实长的原理及作图步骤 ● 描述旋转法的原理及作图步骤 ● 描述直角三角形法的原理及作图步骤 ● 描述换面法的原理及作图步骤 3. 求曲线实长的原理及作图步骤 ● 描述直线法的原理及作图步骤 ● 描述展开作图法的原理及作图步骤 4. 几何体展开的原理和方法 ● 描述展开的基本原理和方法 ● 归纳棱柱、四棱锥、圆锥和斜圆锥等基本形体展开的方法 ● 归纳弯头和过度接头的展开方法 ● 归纳不可展开曲面的近似展开方法 5. 板厚的处理方法 ● 描述板料弯曲中性层位置的确定方法 ● 归纳圆管、圆锥管、方管及圆方过度接头等单件板厚的处理方法 ● 归纳相贯件的板厚处理方法	8

（续表）

学习任务	技能与学习要求	知识与学习要求	参考学时
3. 船体型线及结构线放样	1. 船体理论型线放样 ● 能绘制格子线并检验其精度 ● 能在横向、纵向和水平三个投影面中绘制船体外轮廓线 ● 能绘制横剖线图、纵剖线图和半宽水线图 2. 检验船体理论型线放样质量 ● 能运用斜剖线法检验船体理论型线放样精度并进行修正 3. 肋骨型线放样 ● 能运用插值法绘制普通肋骨型线 ● 能结合纵剖线图中的尺寸，制作梁供曲线样板，并绘制梁供曲线 ● 能绘制艉轴出口处的肋骨型线 ● 能综合分析纵剖线图、半宽水线图和肋骨型线图的特点，绘制完成船体艉柱放样 4. 检验肋骨型线放样质量 ● 能运用斜剖线法检验肋骨型线放样精度并进行修正 5. 船体结构线放样 ● 能完成肋板结构线、艉肋板结构线和横舱壁结构线等横向结构线放样 ● 能绘制旁内龙骨、艉龙骨等纵向构件的结构线 6. 排列外板接缝线 ● 能根据规范要求合理排列横向外板接缝线 ● 能根据规范要求合理排列纵向外板接缝线	1. 船体理论型线的特点和作用 ● 描述船体理论型线的特点和作用 2. 船体理论型线放样的流程 ● 描述船体理论型线放样的流程 3. 型线质量检验的原则和方法 ● 描述型线检验的原则 ● 描述斜剖线法的作图流程 4. 肋骨型线放样的内容、特点和作用 ● 描述肋骨型线放样的内容、特点和作用 5. 肋骨型线放样的流程 ● 描述普通肋骨型线放样的流程 ● 描述甲板梁供曲线的放样步骤 ● 描述艉轴出口处肋骨型线的放样方法及要求 6. 船体艉柱放样方法 ● 描述船体艉柱放样的内容、步骤和要求 7. 船体结构线放样的内容、原理和作用 ● 描述船体结构线放样的内容、原理和作用 8. 船体结构线放样的流程 ● 描述肋板、艉肋板和横舱壁等横向构件结构线放样的流程 ● 描述旁内龙骨、艉龙骨等纵向构件结构线放样的流程 9. 外板接缝线的类型和特点 ● 描述外板接缝线的类型和特点 10. 外板接缝线排列的方法 ● 描述横向外板接缝线排列的方法 ● 描述纵向外板接缝线排列的方法	16
4. 船体外板及结构展开	1. 船体外板展开 ● 能运用扇形板测地线法展开船体外板 ● 能运用菱形板测地线法展开船体外板	1. 船体外板的类型 ● 描述船体外板的类型及其在肋骨型线图中的表现形式 2. 船体外板展开的原理 ● 描述船体外板展开的原理	16

（续表）

学习任务	技能与学习要求	知识与学习要求	参考学时
4. 船体外板及结构展开	● 能运用统一测地线法展开船体外板 ● 能运用十字线法展开船体外板 ● 能完成船体艏柱展开作图 2. 船体结构展开 ● 能依据肋骨型线图完成甲板结构展开 ● 能依据肋骨型线图完成纵舱壁结构展开 ● 能依据肋骨型线图完成内底板展开 ● 能完成纵向构件的展开 ● 能完成上层建筑围壁展开	3. 船体外板展开的流程和方法 ● 描述船体外板展开的方法 ● 描述扇形板测地线法、菱形板测地线法和统一测地线法的绘图流程 ● 描述十字线法的绘图流程 ● 描述船体艏柱展开的方法 4. 船体结构展开的内容、作用和原理 ● 描述船体结构展开的内容和作用 ● 描述船体结构展开的原理 5. 船体结构展开的作图流程 ● 描述甲板展开的作图流程 ● 描述纵舱壁展开的作图流程 ● 描述内底板展开的作图流程 ● 描述非扭曲型纵向构件和扭曲型纵向构件展开的作图流程 ● 描述上层建筑围壁展开的作图流程	
5. 草图、样板及样箱制作	1. 绘制船体零件草图 ● 能绘制船体零件草图并达到标准要求 2. 绘制加工草图 ● 能绘制T型钢、球扁钢和角钢等型材加工草图 ● 能绘制板材加工草图 3. 制作加工样板 ● 能依据样板的钉制步骤制作三角样板 ● 能依据样板的钉制步骤制作活络三角样板 4. 制作样箱 ● 能完成样箱模板型线切取 ● 能完成模板展开和钉制 ● 能结合样箱基本钉制步骤，制作外板样箱 5. 绘制胎架划线草图 ● 能根据胎架基准面的原则和切取方法，绘制胎架划线草图	1. 船体零件草图的类型和应用范围 ● 描述船体零件草图的类型和应用范围 2. 船体零件草图的绘制流程 ● 描述船体零件草图的绘制流程 3. 加工草图的类型 ● 描述加工草图的类型 4. 加工草图的绘制步骤 ● 归纳型材加工草图和板材加工草图的绘制步骤 5. 加工样板的类型和作用 ● 描述加工样板的类型 ● 描述加工样板的作用 6. 加工样板的钉制方法 ● 归纳三角样板和活络三角样板加工样板的钉制方法 7. 样箱的类型和作用 ● 描述样箱的类型 ● 描述样箱的作用 8. 样箱的钉制方法	16

（续表）

学习任务	技能与学习要求	知识与学习要求	参考学时
5. 草图、样板及样箱制作	6. 制作胎架划线样板 ● 能制作胎架划线样板并符合尺寸要求 7. 绘制装配划线草图 ● 能绘制装配划线草图并达到标准要求 8. 制作装配样板 ● 能熟练制作各类装配样板并达到标准要求	● 归纳样箱的基本钉制步骤 9. 胎架划线草图的绘制方法 ● 描述选择胎架基准面的原则和切取方法 ● 描述胎架划线草图的绘制方法 10. 胎架划线样板的类型 ● 描述胎架划线样板的类型 11. 胎架划线样板的制作流程 ● 描述胎架划线样板的制作流程 12. 装配划线草图的形式和作用 ● 描述装配划线草图的形式和作用 13. 装配划线草图的绘制流程 ● 描述装配划线草图的绘制流程 14. 装配样板的类型及作用 ● 描述装配样板的类型 ● 描述装配样板的作用 15. 装配样板的制作流程 ● 描述装配样板的制作流程	
6. 船体数学放样	1. 船体型线放样 ● 能使用 HD-SHM 船体建造系统、AutoCAD 或 Catia 等软件进行型线绘制、修改和光顺工作，并完成船体型线放样和肋骨型线放样 2. 船体结构线放样 ● 能使用 HD-SHM 船体建造系统、AutoCAD 或 Catia 等软件完成船体结构线放样 3. 外板展开 ● 能使用 HD-SHM 船体建造系统、AutoCAD 或 Catia 等软件完成外板展开	1. 船体数学放样的工作内容和基本原理 ● 描述船体数学放样的工作内容 ● 描述船体数学放样的基本原理 2. 船体数学放样常用软件 ● 描述船体数学放样常用软件 3. 船体数学放样的工作流程 ● 描述船体数学放样的工作流程 4. 船体数学放样常用方法 ● 描述剖面线法的原理和流程 ● 描述曲面法的原理和流程	8
合计			72

五、实施建议

（一）教材编写与选用建议

1. 应依据本课程标准编写教材或选用教材，从国家和市级教育行政部门发布的教材目录中选用教材,优先选用国家和市级规划教材。

2. 教材应充分体现育人功能,紧密结合教材内容、素材,有机融入课程思政要求,使课程思政内容与专业知识、技能有机统一。

3. 教材编写应充分考虑中职学生的年龄特点和认知能力,教材文字表述应精练、准确、科学,内容展现应做到图文并茂,力求易学、易懂。

4. 教材内容应充实全面,由浅入深,逐步提高难度。教材内容叙述详细,并附有相当数量的练习。教材应满足职业技能鉴定规范的要求,可作为船体装备专业的教材,也可供装配工、钣金工和船体放样工培训使用。

5. 教材应充分体现我国当前采用的先进的造船方法、造船技术和造船工艺,应具有较强的实用性。

(二) 教学实施建议

1. 切实推进课程思政建设,寓价值观引导于知识传授和能力培养之中,帮助学生塑造正确的世界观、人生观、价值观。要深入梳理教学内容,结合课程特点,深入挖掘课程思政元素,有机融入课程教学,达到润物无声的育人效果。

2. 在教学过程中,应重点培养学生进行手工放样和数学放样的能力,采用任务引领、项目教学的方法,激发学生的学习兴趣,提高学生的成就感。

3. 在教学过程中,教师示范和学生分组操作训练、学生提问和教师解答有机结合,启发学生自主学习、合作探究,使学生能正确认识现代造船工艺流程,掌握手工放样的原理和方法,熟练使用常用放样软件。

4. 在教学过程中,要注重职业素养的培养,对接企业真实工作情境,紧密结合职业技能鉴定的考核要求,加强操作训练,提高学生的岗位适应能力。

5. 在教学过程中,要及时关注船体放样相关标准、技术、工艺和方法的发展趋势,为学生提供职业生涯发展的空间,努力培养学生的职业能力和创新精神。

(三) 教学评价建议

1. 以课程标准为依据,开展基于标准的教学评价。

2. 采用过程性评价和结果性评价相结合的评价体系,引导学生积累知识和提升技能。

3. 加强对实践性教学内容的考核,充分关注学生的个体差异,结合平时作业及学习态度等进行综合评价。

4. 注重对学生发现问题、分析问题和解决问题能力的评价,鼓励学生在知识的学习和应用上有所创新。

（四）资源利用建议

1. 充分发挥现代化信息技术的优势,利用企业的资源,开发多媒体课件,创设生动的生产学习环境,激发学生的学习兴趣,帮助学生理解和掌握知识,提高课堂教学时间的利用率。

2. 加强校企结合,让学生接触企业产品图样,加快学生角色转换,缩短就业适应期。

3. 充分利用网络资源,让学生接触更多、更新的知识,培养学生的综合职业能力。

焊条电弧焊课程标准

▌课程名称

焊条电弧焊

▌适用专业

中等职业学校船体修造技术专业

一、 课程性质

焊条电弧焊是中等职业学校船体修造技术专业的一门专业核心课程,也是一门专业必修课程。其功能是使学生掌握常用焊条电弧焊的基本理论知识和基本应用技能。本课程是船体装配工必备的技能型课程,也是学生后续学习其他专业课程的基础。

二、 设计思路

本课程遵循任务引领、理实一体的原则,根据船体修造技术专业的工作任务与职业能力分析结果,以焊条电弧焊相关工作任务与职业能力为依据而设置。

课程内容紧紧围绕完成焊条电弧焊所需的职业能力培养的需要,同时充分考虑本专业学生对相关理论知识和专业技能的需要,并融入中国船级社焊工资格证书的相关考核要求。

课程内容组织遵循学生认知规律,以焊条电弧焊的典型工作任务为主线,由易到难,设计了焊条电弧焊准备、焊条电弧焊平敷焊、焊条电弧焊单层平角焊、焊条电弧焊多层平角焊、焊条电弧焊单层立角焊、焊条电弧焊多层立角焊、焊条电弧焊平对接单面焊双面成型等十三个学习任务,以任务为引领,整合相关知识、技能与职业素养。

本课程建议学时数为 108 学时。

三、 课程目标

通过本课程的学习,学生能具备焊条电弧焊的基本理论知识和基本应用技能,进行各种位置的焊接,达到中国船级社焊工资格证书的相关考核要求,具体达成以下职业素养和职业能力目标。

（一）职业素养目标

● 具有认真负责、严谨细致、静心专注、精益求精的工作态度。

● 自觉遵守安全文明生产操作规程，具有强烈的安全意识和良好的安全操作习惯。

● 遵守相关国家标准，养成良好的规范操作意识和习惯。

● 具有较强的人际交往和沟通能力，具有团队合作意识。

● 具有学习新技术、新方法的兴趣和能力，具有创新意识。

● 具有整理、整顿、清扫、清洁、素养的5S工作理念。

● 树立产品质量意识和环保节能的职业意识。

（二）职业能力目标

● 能正确穿戴劳防用品。

● 能熟练使用焊接常用设备和工具。

● 能识别常用焊接材料。

● 能完成各种位置的焊条电弧焊焊接操作。

● 能分析焊接缺陷的产生原因和防止方法。

● 能完成焊接缺陷的检验、返修与补焊。

四、 课程内容与要求

学习任务	技能与学习要求	知识与学习要求	参考学时
1. 焊条电弧焊准备	1. 正确穿戴劳防用品 ● 能在操作前正确穿戴劳防用品，做好个人防护 2. 焊条电弧焊机和工具的使用 ● 能规范操作焊条电弧焊机 ● 能正确使用焊接工具 3. 焊条电弧焊工艺参数的选择 ● 能根据电焊工件材料、厚度、焊接位置等，选择正确的工艺参数 4. 焊接姿势和动作的选择 ● 能选择恰当的焊接姿势和动作要领进行焊接基本操作	1. 企业安全生产5S规范 ● 描述企业安全生产5S规范 2. 焊条电弧焊的发展历史和趋势 ● 描述船舶焊接的发展历史和趋势 3. 焊条电弧焊的原理和方式 ● 描述船舶焊接的原理和方式 4. 焊接的危害 ● 说出焊工在作业过程中会受到哪些危害 5. 焊条电弧焊电源的类型和特点 ● 说出弧焊电源的类型 ● 说出弧焊电源选择的依据 ● 描述交流弧焊机的特点和类型	6

(续表)

学习任务	技能与学习要求	知识与学习要求	参考学时
2. 焊条电弧焊平敷焊	1. 平敷焊的基本操作姿势运用 ● 能熟练运用平敷焊蹲式操作姿势 2. 平敷焊电焊工艺参数的选择 ● 能正确选择电源极性及焊接电流,并确定焊条角度 3. 起头 ● 能利用划擦法和直击法顺利引弧 4. 运条 ● 能分别用直线形和锯齿形两种方式运条 5. 接头 ● 能使用冷接法进行接头 6. 收弧 ● 能熟练使用画圈收尾法、反复断弧收尾法、回焊收尾法和转移收尾法四种方法进行焊缝收尾	1. 焊条电弧焊焊缝的形成过程 ● 描述焊缝的形成过程 2. 平敷焊的操作工艺 ● 说出平敷焊焊接工艺参数 ● 描述电焊工艺参数对焊缝成形质量的影响 ● 描述平敷焊焊接操作流程 3. 平敷焊的起头方法 ● 描述平敷焊所采用的起头方法 4. 平敷焊的运条方法 ● 描述平敷焊所采用的运条方法 5. 平敷焊的接头方法 ● 描述平敷焊所采用的接头方法 6. 平敷焊的收弧方法 ● 描述平敷焊所采用的收弧方法	6
3. 焊条电弧焊单层平角焊	1. 焊接试件的打磨 ● 能仔细检查打磨机的保护罩、辅助手柄和电源并更换砂轮片 ● 能熟练使用打磨机清除焊接区域邻近各20 mm范围内的钢板上的油、锈、水分及其他污物,打磨干净,直至露出金属光泽 2. 试件的装配定位 ● 能熟练使用定位焊,正确定位试板 ● 能检验试件的装配定位质量 3. 焊条电弧焊单层平角焊的焊接操作 ● 能正确选择焊条电弧焊单层平角焊电焊工艺参数 ● 能正确选择焊条角度 ● 能采用斜圆圈形运条方法进行短弧焊接 4. 焊后分析 ● 能熟练使用焊缝外观合格标准和X射线探伤标准对焊件进行评价	1. 焊接试件的打磨要求 ● 说出焊接试件打磨时的防护要求 ● 说出焊接试件打磨的工艺参数和要求 ● 描述焊接试件打磨的步骤 2. 焊接试件装配定位的要求 ● 说出焊接试件装配定位的步骤 ● 描述试件定位焊的工艺流程和参数 3. 焊条电弧焊单层平角焊的操作要领 ● 描述焊条电弧焊单层平角焊的操作要领 4. 焊条电弧焊单层平角焊的焊后检测标准 ● 说出焊条电弧焊单层平角焊缺陷产生的原因和防止方法 ● 说出焊缝外观目测合格标准	6

（续表）

学习任务	技能与学习要求	知识与学习要求	参考学时
4. 焊条电弧焊多层平角焊	1. 焊条电弧焊多层平角焊的焊接操作 ● 能正确选择焊条电弧焊多层平角焊电焊工艺参数 ● 能根据焊脚尺寸正确选择焊接层次及焊层的排列次序 ● 能正确选择焊条角度 ● 能正确选择运条方法 2. 焊后分析 ● 能熟练使用焊缝外观合格标准和X射线探伤标准对焊件进行评价	1. 焊条电弧焊多层平角焊工艺 ● 说出焊条电弧焊多层平角焊的操作流程 ● 说出焊条电弧焊多层平角焊的操作要领 2. 焊条电弧焊多层平角焊的焊后检测标准 ● 描述焊条电弧焊多层平角焊缺陷产生的原因和防止方法 ● 描述焊缝外观目测合格标准	8
5. 焊条电弧焊单层立角焊	1. 焊条电弧焊单层立角焊的焊接操作 ● 能正确选择焊条电弧焊单层立角焊电焊工艺参数 ● 能正确选择焊条角度 ● 能采用跳弧或小三角形运条方式进行短弧焊接 2. 焊后分析 ● 能熟练使用焊缝外观合格标准和X射线探伤标准对焊件进行评价	1. 焊条电弧焊单层立角焊工艺 ● 说出焊条电弧焊单层立角焊的焊接流程 ● 描述焊条电弧焊单层立角焊的常用运条方法 2. 焊条电弧焊单层立角焊的焊后检测标准 ● 描述焊条电弧焊单层立角焊可能出现的焊接缺陷和防止方法 ● 描述焊缝外观目测合格标准 ● 描述X射线探伤标准与内部探伤合格等级	8
6. 焊条电弧焊多层立角焊	1. 焊条电弧焊多层立角焊的焊接操作 ● 能正确选择焊条电弧焊多层立角焊电焊工艺参数 ● 能正确选择焊条角度 ● 能根据焊脚尺寸正确选择焊接层次及焊层的排列次序 ● 能正确选择打底层、填充层和盖面层的焊接方法 2. 焊后分析 ● 能熟练使用焊缝外观合格标准和X射线探伤标准对焊件进行评价	1. 焊条电弧焊多层立角焊工艺 ● 说出焊条电弧焊多层立角焊的焊接流程 ● 描述焊条电弧焊多层立角焊的常用运条方法 2. 焊条电弧焊多层立角焊的焊后检测标准 ● 描述焊条电弧焊多层立角焊可能出现的焊接缺陷和防止方法 ● 描述焊缝外观目测合格标准	8
7. 焊条电弧焊平对接单面焊双面成型——打底焊	1. 试板打磨 ● 能对试板进行打磨除锈 2. 试板装配定位 ● 能按照装配工艺对试件进行装配定位 ● 能根据工艺要求对试板进行定位焊操作	1. 打底焊工艺参数 ● 描述打底焊的试件规格尺寸 ● 描述打底焊采用的焊条直径 ● 描述打底焊的焊接电流 ● 描述打底焊的焊条角度 ● 描述打底焊的运条方法和焊缝道数 2. 焊缝外观目测合格标准 ● 说出焊缝打底焊常见的缺陷，了解相关防止方法	9

(续表)

学习任务	技能与学习要求	知识与学习要求	参考学时
7. 焊条电弧焊平对接单面焊双面成型——打底焊	3. 打底焊操作 ● 能根据工艺要求选择合适的打底焊电流 ● 能根据工艺要求选择打底焊运条方法 ● 能根据工艺要求选择打底焊焊条角度 ● 能完成打底焊操作	3. 焊缝射线探伤标准 ● 描述 X 射线探伤标准与内部探伤合格等级	
8. 焊条电弧焊平对接单面焊双面成型——第一层填充	1. 选择第一层填充层焊接电流 ● 能根据工艺要求选择合适的焊接电流 2. 选择第一层填充层运条方法 ● 能根据工艺要求选择运条方法 3. 选择第一层填充层焊条角度 ● 能根据工艺要求选择焊条角度 4. 第一层填充层焊接操作 ● 能完成第一层填充层焊接操作	1. 第一层填充层焊接工艺参数 ● 说出第一层填充层焊接工艺参数 2. 第一层填充层焊接工艺 ● 描述第一层填充层焊接工艺流程 ● 描述第一层填充层运条方法和焊条角度 3. 第一层填充层外观合格标准 ● 说出填充层焊缝外观合格标准	9
9. 焊条电弧焊平对接单面焊双面成型——第二层填充	1. 选择第二层填充层焊接电流 ● 能根据工艺要求选择合适的焊接电流 2. 选择第二层填充层运条方法 ● 能根据工艺要求选择运条方法 3. 选择第二层填充层焊条角度 ● 能根据工艺要求选择焊条角度 4. 第二层填充层焊接操作 ● 能完成第二层填充层焊接操作	1. 第二层填充层焊接工艺参数 ● 说出第二层填充层焊接工艺参数 2. 第二层填充层焊接工艺 ● 描述第二层填充层焊接工艺流程 ● 描述第二层填充层运条方法和焊条角度 3. 第二层填充层外观合格标准 ● 说出填充层焊缝外观合格标准	9
10. 焊条电弧焊平对接单面焊双面成型——盖面层	1. 选择盖面层焊接电流 ● 能根据工艺要求选择合适的焊接电流 2. 选择盖面层运条方法 ● 能根据工艺要求选择运条方法 3. 选择盖面层焊条角度 ● 能根据工艺要求选择焊条角度	1. 盖面层焊接工艺参数 ● 说出盖面层焊接工艺参数 2. 盖面层焊接工艺 ● 描述盖面层焊接工艺流程 ● 描述盖面层运条方法和焊条角度 3. 盖面层外观合格标准 ● 说出盖面层焊缝外观合格标准	9

学习任务	技能与学习要求	知识与学习要求	参考学时
10. 焊条电弧焊平对接单面焊双面成型——盖面层	4. 盖面层焊接操作 ● 能完成盖面层焊接操作 5. 焊缝质量检测 ● 能检验、分析焊接质量，并选择正确的防治措施	4. 焊缝射线探伤标准 ● 描述 X 射线探伤标准与内部探伤合格等级 5. 焊接缺陷的种类、原因和防治措施 ● 描述常见的焊接缺陷种类及其产生的原因 ● 描述焊条电弧焊各焊接缺陷的防治措施	
11. CCS 焊条电弧焊钢衬垫平对接打底焊	1. 试板和钢衬垫打磨 ● 能对试板和钢衬垫进行打磨 2. 试板装配定位 ● 能按照装配工艺对试件进行装配定位 ● 能根据工艺要求对试板进行定位焊操作 3. 选择打底焊焊接电流 ● 能根据工艺要求选择合适的打底焊电流 4. 选择打底焊运条方法 ● 能根据工艺要求选择打底焊运条方法 5. 选择打底焊焊条角度 ● 能根据工艺要求选择打底焊焊条角度 6. 打底焊操作 ● 能完成打底焊操作	1. 打底焊工艺参数 ● 描述打底焊的试件规格尺寸 ● 描述打底焊采用的焊条直径 ● 描述打底焊的焊接电流 ● 描述打底焊的焊条角度 ● 描述打底焊的运条方法和焊缝道数 2. 打底焊工艺流程 ● 描述打底焊工艺流程 3. 焊缝外观目测合格标准 ● 说出焊缝打底焊常见的缺陷，了解相关防止方法 4. 焊缝射线探伤标准 ● 描述 X 射线探伤标准与内部探伤合格等级	10
12. CCS 焊条电弧焊钢衬垫平对接填充层	1. 选择填充层焊接电流 ● 能根据工艺要求选择合适的焊接电流 2. 选择填充层运条方法 ● 能根据工艺要求选择运条方法 3. 选择填充层焊条角度 ● 能根据工艺要求选择焊条角度 4. 填充层焊接操作 ● 能完成填充层焊接操作	1. 填充层焊接工艺参数 ● 说出填充层焊接工艺参数 2. 填充层焊接工艺 ● 描述填充层焊接工艺流程 ● 描述填充层运条方法和焊条角度 3. 填充层外观合格标准 ● 说出填充层焊缝外观合格标准	10

(续表)

学习任务	技能与学习要求	知识与学习要求	参考学时
13. CCS 焊条电弧焊钢衬垫平对接盖面层	1. 选择盖面层焊接电流 ● 能根据工艺要求选择合适的焊接电流 2. 选择盖面层运条方法 ● 能根据工艺要求选择运条方法 3. 选择盖面层焊条角度 ● 能根据工艺要求选择焊条角度 4. 盖面层焊接操作 ● 能完成盖面层焊接操作 5. 焊缝质量检测 ● 能检验、分析焊接质量,并选择正确的防治措施	1. 盖面层焊接工艺 ● 说出盖面层焊接工艺参数 ● 描述盖面层焊接工艺流程 2. 盖面层外观合格标准 ● 说出盖面层焊缝外观合格标准 3. 焊缝射线探伤标准 ● 描述 X 射线探伤标准与内部探伤合格等级 4. 焊接缺陷的种类、原因和防治措施 ● 描述常见的焊接缺陷种类及其产生的原因 ● 描述焊条电弧焊各焊接缺陷的防治措施	10
总计			108

五、 实施建议

(一) 教材编写与选用建议

1. 应依据本课程标准编写教材或选用教材,从国家和市级教育行政部门发布的教材目录中选用教材,优先选用国家和市级规划教材。

2. 教材应充分体现育人功能,紧密结合教材内容、素材,有机融入课程思政要求,使课程思政内容与专业知识、技能有机统一。

3. 教材内容应涵盖中国船级社焊工资格证书对职业能力的相关要求。

4. 教材内容应依据企业和行业的发展实际,体现数字化造船、精度造船和绿色造船对从业人员综合素质的需求。

5. 教材编写应充分考虑中职学生的年龄特点和认知能力,教材文字表述应精练、准确、科学,内容展现应做到图文并茂,力求易学、易懂。

6. 教材应力求反映船舶制造行业的现状和发展趋势,充分体现新技术、新工艺、新方法,更贴近船舶焊接技术应用专业未来发展的需要。

(二) 教学实施建议

1. 切实推进课程思政建设,深入挖掘课程思政元素,将船舶发展史与专业知识相融合,寓价值观引导于知识传授和能力培养之中,帮助学生塑造正确的世界观、人生观、价值观。

2. 在教学过程中,应立足学生实际操作能力的培养,采用任务引领、项目教学的方法,激发学生的学习兴趣,提高学生的成就感。

3. 本课程教学的关键是现场教学,应把典型的焊条电弧焊新技术、新工艺作为载体,在教学过程中,教师示范和学生分组操作训练、学生提问和教师解答有机结合,让学生在实践中识别焊接设备,熟练使用焊接工具进行船舶相关设备的安全操作。

4. 在教学过程中,要创设工作情境,加大实践实操的容量,紧密结合职业技能鉴定的考核要求,加强操作训练,提高学生的岗位适应能力。

5. 在教学过程中,要应用挂图、多媒体课件、投影仪等辅助教学,帮助学生理解部分设备的内部结构。

(三)教学评价建议

1. 采用过程性评价和结果性评价相结合的评价体系,引导学生积累知识和提升技能。

2. 贴近企业实际生产需要,加强对实践性教学内容的考核,充分关注学生的个体差异,结合平时练习、阶段训练、综合实训及学习态度等进行综合评价,发挥评价的激励作用。

3. 注重对学生发现问题、分析问题和解决问题能力的评价,鼓励学生在知识的学习和应用上有所创新。

4. 加强对学生遵守操作规程、文明生产、安全意识、责任意识、质量意识、标准意识的考核评价。

(四)资源利用建议

1. 充分发挥现代化信息技术的优势,利用开发的教学资源库、省市级精品课程资源,创设生动的生产学习环境,激发学生的学习兴趣,帮助学生理解和掌握知识,提高课堂教学时间的利用率。

2. 课程团队与科研院所共同搭建船体装配仿真实训平台,内容涵盖船体分段装配所有典型工作项目。

3. 加强校企结合,建立学生实习基地,加快学生角色转换,缩短就业适应期。

4. 充分利用开放式公共实训中心,培养学生的综合职业能力。

CO$_2$ 气体保护焊课程标准

课程名称

CO$_2$ 气体保护焊

适用专业

中等职业学校船体修造技术专业

一、 课程性质

CO$_2$ 气体保护焊是中等职业学校船体修造技术专业的一门专业核心课程,也是一门专业必修课程。其功能是通过完成 CO$_2$ 气体保护焊平角焊、CO$_2$ 气体保护焊立角焊、CO$_2$ 气体保护焊仰角焊、CO$_2$ 气体保护焊 V 形坡口平对接等学习任务,使学生系统掌握 CO$_2$ 气体保护焊必要的基础理论知识和基本应用技能。本课程是船体装配工必备的技能型课程,也是学生后续学习船体部件装配等课程的基础。

二、 设计思路

本课程遵循任务引领、学以致用的原则,根据船体装配的工作任务与职业能力分析结果,以船体装配相关工作任务和 CO$_2$ 气体保护焊相关技能为依据而设置。

课程内容紧紧围绕船体装配工所需的职业能力培养的需要,同时充分考虑本专业学生对相关理论知识和专业技能的需要,并融入中国船级社焊工资格证书的相关考核要求。

课程内容组织遵循学生认知规律,以 CO$_2$ 气体保护焊的典型工作任务为主线,由易到难,设计了 CO$_2$ 气体保护焊准备、CO$_2$ 气体保护焊单层平角焊、CO$_2$ 气体保护焊多层平角焊、CO$_2$ 气体保护焊单层立角焊、CO$_2$ 气体保护焊多层立角焊、CO$_2$ 气体保护焊仰角焊、CO$_2$ 气体保护焊 V 形坡口平对接七个学习任务,以任务为引领,整合相关知识、技能与职业素养。

本课程建议学时数为 72 学时。

三、 课程目标

通过本课程学习,学生能具备安全操作规程、焊接工艺与标准、焊接操作流程等知识,掌握 CO$_2$ 气体保护焊相关技能,达到中国船级社焊工资格证书的相关考核要求,具体达成以下职业素养和职业能力目标。

（一）职业素养目标

- 具有健康的心理、积极的心态、良好的耐挫折能力，能适应社会和职业岗位的需要。
- 具有较强的进取精神、责任意识、质量意识、安全意识和环保意识。
- 具有严肃认真的工作态度和耐心细致的工作作风。
- 具有学习新技术、新方法的兴趣和能力，具有创新意识。

（二）职业能力目标

- 能正确穿戴劳防用品。
- 能正确使用 CO_2 气体保护焊机。
- 能识别常用焊接材料。
- 能正确选用 CO_2 气体保护焊焊丝。
- 能完成各种位置的 CO_2 气体保护焊焊接操作。
- 能分析焊接缺陷的产生原因和防止方法。
- 能完成焊接缺陷的检验、返修与补焊。

四、课程内容与要求

学习任务	技能与学习要求	知识与学习要求	参考学时
1. CO_2 气体保护焊准备	1. 正确穿戴劳防用品 ● 能在操作前正确穿戴劳防用品，做好个人防护 2. CO_2 气体保护焊机和工具的使用 ● 能规范操作 CO_2 气体保护焊机 ● 能正确使用焊接工具 3. CO_2 气体保护焊工艺参数的选择 ● 能根据电焊工件材料、厚度、焊接位置等，选择正确的工艺参数 4. 焊接姿势和动作的选择 ● 能选择恰当的焊接姿势和动作要领进行焊接基本操作	1. 焊接安全操作规范 ● 描述电流对人体的危害以及触电危害的影响因素 ● 描述易燃、易爆隐患 ● 描述特殊环境安全隐患 2. 焊接的危害 ● 说出焊工在作业过程中会受到哪些危害 3. CO_2 气体保护焊电源的类型和特点 ● 说出弧焊电源的类型 ● 识记弧焊电源选择的依据 ● 描述交流弧焊机的类型和特点	6

(续表)

学习任务	技能与学习要求	知识与学习要求	参考学时
2. CO_2 气体保护焊单层平角焊	1. 焊接试件的打磨 ● 能仔细检查打磨机的保护罩、辅助手柄和电源并更换砂轮片 ● 能熟练使用打磨机清除焊接区域邻近各 20 mm 范围内的钢板上的油、锈、水分及其他污物,打磨干净,直至露出金属光泽 2. 试件的装配定位 ● 能熟练使用定位焊,正确定位试板 ● 能检验试件的装配定位质量 3. CO_2 气体保护焊单层平角焊的焊接操作 ● 能正确选择 CO_2 气体保护焊单层平角焊电焊工艺参数 ● 能正确选择焊条角度 ● 能采用斜圆圈形运条方法进行短弧焊接 4. 焊后分析 ● 能熟练使用焊缝外观合格标准和 X 射线探伤标准对焊件进行评价	1. 焊接试件的打磨要求 ● 说出焊接试件打磨时的防护要求 ● 说出焊接试件打磨的工艺参数和要求 ● 描述焊接试件打磨的步骤 2. 焊接试件装配定位的要求 ● 说出焊接试件装配定位的步骤 ● 描述试件定位焊的工艺流程和参数 3. CO_2 气体保护焊单层平角焊的操作要领 ● 描述 CO_2 气体保护焊单层平角焊的操作要领 4. CO_2 气体保护焊单层平角焊的焊后检测标准 ● 说出 CO_2 气体保护焊单层平角焊缺陷产生的原因和防止方法 ● 说出焊缝外观目测合格标准 ● 描述 X 射线探伤标准与内部探伤合格等级	12
3. CO_2 气体保护焊多层平角焊	1. 选择 CO_2 气体保护焊多层平角焊工艺参数 ● 能正确选择 CO_2 气体保护焊多层平角焊电焊工艺参数 ● 能根据焊脚尺寸正确选择焊接层次及焊层的排列次序 ● 能正确选择焊条角度 ● 能正确选择运条方法 2. CO_2 气体保护焊多层平角焊的焊接操作	1. CO_2 气体保护焊多层平角焊工艺参数 ● 描述 CO_2 气体保护焊多层平角焊的试件规格尺寸 ● 描述 CO_2 气体保护焊多层平角焊采用的焊条直径 ● 描述 CO_2 气体保护焊多层平角焊的焊接电流 ● 描述 CO_2 气体保护焊多层平角焊的焊条角度 ● 描述 CO_2 气体保护焊多层平角焊的焊缝道数	12

（续表）

学习任务	技能与学习要求	知识与学习要求	参考学时
3. CO_2 气体保护焊多层平角焊	● 能完成 CO_2 气体保护焊多层平角焊的焊接操作 3. 焊后分析 ● 能熟练使用焊缝外观合格标准和 X 射线探伤标准对焊件进行评价	2. CO_2 气体保护焊多层平角焊工艺 ● 说出 CO_2 气体保护焊多层平角焊的操作流程 ● 说出 CO_2 气体保护焊多层平角焊的操作要领 3. CO_2 气体保护焊多层平角焊的焊后检测标准 ● 描述 CO_2 气体保护焊多层平角焊缺陷产生的原因和防止方法 ● 描述焊缝外观目测合格标准 ● 描述 X 射线探伤标准与内部探伤合格等级	
4. CO_2 气体保护焊单层立角焊	1. 选择 CO_2 气体保护焊单层立角焊工艺参数 ● 能正确选择 CO_2 气体保护焊单层立角焊电焊工艺参数 ● 能正确选择焊条角度 2. CO_2 气体保护焊单层立角焊的焊接操作 ● 能采用锯齿或月牙形运条方式进行短弧焊接 3. 焊后分析 ● 能熟练使用焊缝外观合格标准和 X 射线探伤标准对焊件进行评价	1. CO_2 气体保护焊单层立角焊工艺参数 ● 描述 CO_2 气体保护焊单层立角焊的试件规格尺寸 ● 描述 CO_2 气体保护焊单层立角焊采用的焊条直径 ● 描述 CO_2 气体保护焊单层立角焊的焊接电流 ● 描述 CO_2 气体保护焊单层立角焊的焊条角度 ● 描述 CO_2 气体保护焊单层立角焊的焊缝道数 2. CO_2 气体保护焊单层立角焊工艺 ● 说出 CO_2 气体保护焊单层立角焊的操作流程 ● 说出 CO_2 气体保护焊单层立角焊的常用运条方法 3. CO_2 气体保护焊单层平角焊的焊后检测标准 ● 描述 CO_2 气体保护焊单层立角焊可能出现的焊接缺陷和防止方法 ● 描述焊缝外观目测合格标准 ● 描述 X 射线探伤标准与内部探伤合格等级	12

(续表)

学习任务	技能与学习要求	知识与学习要求	参考学时
5. CO_2 气体保护焊多层立角焊	1. 选择 CO_2 气体保护焊多层立角焊工艺参数 ● 能正确选择 CO_2 气体保护焊多层立角焊电焊工艺参数 ● 能正确选择焊条角度 ● 能根据焊脚尺寸正确选择焊接层次及焊层的排列次序 2. 选择焊接方法 ● 能正确选择打底层、填充层和盖面层的焊接方法 3. CO_2 气体保护焊多层立角焊的焊接操作 ● 能完成 CO_2 气体保护焊多层立角焊的焊接操作 4. 焊后分析 ● 能熟练使用焊缝外观合格标准和 X 射线探伤标准对焊件进行评价	1. CO_2 气体保护焊多层立角焊工艺参数 ● 描述 CO_2 气体保护焊多层立角焊的试件规格尺寸 ● 描述 CO_2 气体保护焊多层立角焊采用的焊条直径 ● 描述 CO_2 气体保护焊多层立角焊的焊接电流 ● 描述 CO_2 气体保护焊多层立角焊的焊条角度 ● 描述 CO_2 气体保护焊多层立角焊的焊缝道数 2. CO_2 气体保护焊多层立角焊工艺 ● 说出 CO_2 气体保护焊多层立角焊的操作流程 ● 说出 CO_2 气体保护焊多层立角焊的常用运条方法 3. CO_2 气体保护焊多层立角焊的焊后检测标准 ● 描述 CO_2 气体保护焊多层立角焊可能出现的焊接缺陷和防止方法 ● 描述焊缝外观目测合格标准 ● 描述 X 射线探伤标准与内部探伤合格等级	12
6. CO_2 气体保护焊仰角焊	1. 选用 CO_2 气体保护焊仰角焊焊工艺 ● 能正确选择 CO_2 气体保护焊仰角焊电焊工艺参数 ● 能正确选择焊条角度 ● 能根据焊脚尺寸正确选择焊接层次及焊层的排列次序 2. CO_2 气体保护焊仰角焊焊接操作 ● 能正确选择打底层、填充层和盖面层的焊接方法 3. 焊后分析 ● 能熟练使用焊缝外观合格标准和 X 射线探伤标准对焊件进行评价	1. CO_2 气体保护焊仰角焊工艺参数 ● 描述 CO_2 气体保护焊仰角焊的试件规格尺寸 ● 描述 CO_2 气体保护焊仰角焊采用的焊条直径 ● 描述 CO_2 气体保护焊仰角焊的焊接电流 ● 描述 CO_2 气体保护焊仰角焊的焊条角度 ● 描述 CO_2 气体保护焊仰角焊的焊缝道数 2. CO_2 气体保护焊仰角焊工艺 ● 说出 CO_2 气体保护焊仰角焊的操作流程 ● 说出 CO_2 气体保护焊仰角焊的常用运条方法 3. CO_2 气体保护焊仰角焊的焊后检测标准 ● 描述 CO_2 气体保护焊仰角焊可能出现的焊接缺陷和防止方法 ● 描述焊缝外观目测合格标准 ● 描述 X 射线探伤标准与内部探伤合格等级	9

（续表）

学习任务	技能与学习要求	知识与学习要求	参考学时
7. CO_2 气体保护焊 V 形坡口平对接	1. 试板打磨 ● 能对试板进行打磨除锈 2. 试板装配定位 ● 能按照装配工艺对试件进行装配定位 ● 能根据工艺要求对试板进行定位焊操作 3. 焊接操作 ● 能根据工艺要求选择合适的焊接电流 ● 能根据工艺要求选择焊接运条方法 ● 能根据工艺要求选择焊条角度 ● 能完成 CO_2 气体保护焊 V 形坡口平对接操作 4. 焊接质量检测 ● 能检验、分析焊接质量，并选择正确的防治措施	1. CO_2 气体保护焊 V 形坡口平对接工艺参数 ● 描述 CO_2 气体保护焊 V 形坡口平对接的试件规格尺寸 ● 描述 CO_2 气体保护焊 V 形坡口平对接采用的焊条直径 ● 描述 CO_2 气体保护焊 V 形坡口平对接的焊接电流 ● 描述 CO_2 气体保护焊 V 形坡口平对接的焊条角度 ● 描述 CO_2 气体保护焊 V 形坡口平对接的焊缝道数 2. CO_2 气体保护焊 V 形坡口平对接工艺 ● 描述 CO_2 气体保护焊 V 形坡口平对接工艺流程 3. 焊缝外观目测合格标准 ● 说出焊缝焊接常见的缺陷，了解相关防止方法 4. 焊缝射线探伤标准 ● 描述 X 射线探伤标准与内部探伤合格等级	9
总计			72

五、 实施建议

（一）教材编写与选用建议

1. 应依据本课程标准编写教材或选用教材，从国家和市级教育行政部门发布的教材目录中选用教材，优先选用国家和市级规划教材。

2. 教材应充分体现育人功能，紧密结合教材内容、素材，有机融入课程思政要求，使课程思政内容与专业知识、技能有机统一。

3. 以理论与实践一体化的项目教学形式设计教材，精选 CO_2 气体保护焊典型结构和典型位置，把握本课程的知识点和技能点，按照"必需、够用，兼顾发展"的原则，循序渐进地组织教材内容。

4. 教材编写应充分考虑中职学生的实际情况，结合 CO_2 气体保护焊的特点，逐步引入专业基础理论知识,关注学生动手能力的培养,以便提高学生的学习实效。

5. 教材编写应充分考虑中职学生的年龄特点和认知能力,教材文字表述应精练、准确、科学,内容展现应做到图文并茂,力求易学、易懂。

6. 依据上海市焊接行业的实际情况,教材应体现制造业对从业人员综合素质的需求。

7. 教材应反映焊接行业的现状和发展趋势,引入新技术、新工艺、新方法、新材料,使教材富有时代性、先进性、前瞻性。

(二) 教学实施建议

1. 切实推进课程思政建设,深入挖掘课程思政元素,将船舶发展史与专业知识相融合,寓价值观引导于知识传授和能力培养之中,帮助学生塑造正确的世界观、人生观、价值观。

2. 在教学过程中,应贯彻项目教学的指导思想,立足学生 CO_2 气体保护焊操作能力的培养,以真实的企业生产任务为载体,激发学生的学习兴趣,培养学生的综合职业能力。

3. 在教学过程中,教师示范和学生分组操作训练、学生提问和教师解答有机结合,启发学生自主学习、合作探究,使学生能熟练使用 CO_2 气体保护焊机,识别常用钢材性质,选用常用焊丝,掌握焊接缺陷的产生原因和防止方法。

4. 在教学过程中,要对接企业真实工作情境,紧密结合职业技能鉴定的考核要求,加强操作训练,使学生掌握 CO_2 气体保护焊的操作技能和要求,提高学生的岗位适应能力。

5. 在教学过程中,注重培养学生严肃认真的工作态度及耐心细致的工作作风,使学生具有精益求精的职业素养。

6. 在教学过程中,要及时关注船舶焊接相关标准、技术、工艺和方法的发展趋势,为学生提供职业生涯发展的空间,努力培养学生的职业能力和创新精神。

(三) 教学评价建议

1. 采用过程性评价和结果性评价相结合的评价体系,引导学生积累知识和提升技能。

2. 贴近企业实际生产需要,加强对实践性教学内容的考核,充分关注学生的个体差异,结合平时练习、阶段训练、综合实训及学习态度等进行综合评价,发挥评价的激励作用。

3. 注重对学生发现问题、分析问题和解决问题能力的评价,鼓励学生在知识的学习和应用上有所创新。

4. 加强对学生遵守操作规程、文明生产、安全意识、责任意识、质量意识、标准意识的考核评价。

(四) 资源利用建议

1. 充分发挥现代化信息技术的优势,利用开发的教学资源库、省市级精品课程资源,创设生动的生产学习环境,激发学生的学习兴趣,帮助学生理解和掌握知识,提高课堂教学时间的利用率。

2. 课程团队与科研院所共同搭建船体装配仿真实训平台,内容涵盖船体分段装配所有典型工作项目。

3. 加强校企结合,建立学生实习基地,加快学生角色转换,缩短就业适应期。

4. 充分利用开放式公共实训中心,培养学生的综合职业能力。

船体装配基础操作课程标准

┃课程名称

船体装配基础操作

┃适用专业

中等职业学校船体修造技术专业

一、课程性质

船体装配基础操作是中等职业学校船体修造技术专业的一门专业核心课程,也是一门专业必修课程。其功能是通过完成切割安全规范、平切割、立切割、横切割、熔马脚、型钢切割、半自动切割、数控切割等学习任务,使学生系统掌握船体装配操作基本技能。本课程是船体装配工必备的技能型课程,也是学生后续学习船体部件装配等课程的基础。

二、设计思路

本课程遵循任务引领、学以致用的原则,根据船体装配的工作任务与职业能力分析结果,以船体装配相关工作任务所需的船体装配操作技能为依据而设置。

课程内容紧紧围绕可编程控制器所需的职业能力培养的需要,选取了装配准备、平切割、立切割、横切割、熔马脚、型钢切割、半自动切割、数控切割等内容,遵循适度够用的原则,确定相关理论知识、专业技能与要求,并融入船体装配工(四级)职业技能等级证书的相关考核要求。

课程内容组织以船体装配操作的典型工作任务为主线,由易到难,设计了装配工具使用、平切割、立切割、横切割、熔马脚、型钢切割、半自动切割、数控切割、装配测量、火工加工与矫正十个学习任务,以任务为引领,整合相关知识、技能与职业素养。

本课程建议学时数为108学时。

三、课程目标

通过本课程学习,学生能具备安全操作规程、焊接工艺与标准、焊接操作流程等知识,掌握船体装配基础操作技能,达到船体装配工(四级)职业技能等级证书的相关考核要求,具体达成以下职业素养和职业能力目标。

(一)职业素养目标

- 具有爱岗敬业、精益求精、乐于奉献、敢于承担、勇于创新的职业精神。
- 具有良好的安全文明生产意识,严格遵守船体装配操作规程。
- 具有严谨细致、静心专注、认真执着、吃苦耐劳的职业态度。
- 具有较强的人际交往和沟通能力,具有团队合作意识。
- 具有按图施工的职业规范和精益求精的职业素养。

(二)职业能力目标

- 能选择合适的切割工具和设备。
- 能归纳机械切割、火焰切割(气割)、等离子切割、碳弧气刨、数控切割的基本原理和工艺流程。
- 能遵守切割安全技术规范。
- 能完成船体零件和结构的切割。
- 能分析产生切割缺陷的原因并检验切割质量。

四、 课程内容与要求

学习任务	技能与学习要求	知识与学习要求	参考学时
1. 装配工具使用	1. 正确穿戴劳防用品 ● 能在操作前正确穿戴劳防用品,做好个人防护 ● 能按照船体装配安全操作规范进行作业 2. 船体装配工具的使用 ● 能运用手锤进行直线矫正、矫平、弯曲矫正等操作 ● 能使用砂轮机进行构件打磨 3. 船体装配辅助工具的使用 ● 能熟练运用夹具和量具辅助船体装配工作	1. 安全文明生产规范 ● 描述安全文明生产规范的要求 ● 描述易燃、易爆隐患 ● 描述特殊环境安全隐患 2. 船体装配工具 ● 说出船体装配工具的类型和用途 ● 描述船体装配工具的使用规范 ● 描述船体装配工具的安全要求 3. 船体装配工具的使用方法 ● 描述手锤、握锤等船体装配工具的使用方法和保养方法 4. 船体装配辅助工具的使用方法 ● 描述常用夹具、量具的使用方法和保养方法	6
2. 平切割	1. 平切割准备 ● 能正确选用切割设备 ● 能正确调节平切割的各项参数 ● 能正确选择切割火焰	1. 平切割工艺要求 ● 说出平切割的工艺参数 ● 说出平切割的操作流程 ● 描述正确的平切割姿势和手法	12

学习任务	技能与学习要求	知识与学习要求	参考学时
2. 平切割	2. 切割低碳钢构件 ● 能对低碳钢构件进行平切割 ● 能规范使用切割工具 ● 能熟练控制气割速度 3. 切割质量检验 ● 能根据标准要求检验构件的切割质量 ● 能进行气割质量分析	2. 平切割标准要求 ● 说出平切割的外观质量和尺寸要求（割缝要求直线度≤1 mm，垂直度≤0.5 mm，光洁度≤1 mm） ● 说出提高气割质量的方法	
3. 立切割	1. 立切割准备 ● 能正确选用切割设备和开孔辅助工具 ● 能正确调节立切割的各项参数 ● 能正确选择切割火焰 2. 切割低碳钢构件 ● 能对低碳钢构件进行立切割 ● 能规范使用切割工具 ● 能熟练控制气割速度 ● 能完成开孔操作和曲线切割操作 3. 切割质量检验 ● 能根据标准要求检验构件的切割质量 ● 能进行气割质量分析	1. 立切割工艺要求 ● 说出立切割的工艺参数 ● 说出立切割的操作流程 ● 描述正确的立切割姿势和手法 ● 描述开孔的操作方法 ● 描述曲线切割的操作方法 2. 立切割标准要求 ● 说出立切割的外观质量和尺寸要求 ● 说出提高立切割质量的方法	12
4. 横切割	1. 横切割准备 ● 能正确选用切割设备 ● 能正确调节横切割的各项参数 ● 能正确选择切割火焰 2. 切割低碳钢构件 ● 能进行直线切割操作 ● 能进行正、反开坡口操作 ● 能进行圆孔切割操作 ● 能进行曲线切割操作 ● 能规范使用切割工具 ● 能熟练控制气割速度 3. 切割质量检验 ● 能根据标准要求检验构件的切割质量 ● 能进行气割质量分析	1. 横切割工艺要求 ● 说出横切割的工艺参数 ● 说出横切割的操作流程 ● 描述正确的横切割姿势和手法 2. 横切割标准要求 ● 说出横切割的外观质量和尺寸要求 ● 说出提高横切割质量的方法	12

（续表）

学习任务	技能与学习要求	知识与学习要求	参考学时
5. 熔马脚	1. 熔马脚准备 ● 能正确选用熔马脚设备 ● 能正确调节熔马脚的各项参数 ● 能正确选择熔马脚火焰 2. 熔马脚操作 ● 能对构件进行熔马脚操作 ● 能规范使用切割工具 ● 能熟练控制气割速度 3. 熔马脚质量检验 ● 能根据标准要求检验构件的熔马脚质量 ● 能进行熔马脚质量分析	1. 熔马脚工艺要求 ● 说出熔马脚的目的、意义和工艺参数 ● 说出熔马脚的操作流程 ● 描述正确的熔马脚姿势和手法 2. 熔马脚标准要求 ● 说出熔马脚的外观质量和尺寸要求 ● 说出提高熔马脚质量的方法	12
6. 型钢切割	1. 型钢切割准备 ● 能正确选用型钢切割设备 ● 能正确调节型钢切割的各项参数 ● 能正确选择型钢切割火焰 2. 型钢切割 ● 能规范切割各类型钢 ● 能规范使用切割工具 ● 能熟练控制气割速度 3. 型钢切割质量检验 ● 能根据标准要求检验型钢的切割质量 ● 能进行型钢切割质量分析	1. 型钢切割工艺要求 ● 说出各类型钢切割的方法 ● 描述各类型钢切割的工艺参数和工艺流程 ● 描述正确的型钢切割姿势和手法 2. 型钢切割标准要求 ● 说出型钢切割的外观质量和尺寸要求 ● 说出提高型钢切割质量的方法	12
7. 半自动切割	1. 半自动切割准备 ● 能在操作前检测半自动切割机的质量和性能 2. 钢材切割 ● 能使用半自动切割机进行钢材切割 ● 能运用计算机进行零件程序的调用 3. 钢材切割质量检验 ● 能根据标准要求检验钢材的切割质量 ● 能进行钢材切割质量分析	1. 半自动切割机 ● 说出半自动切割机的类型、工作原理、设备性能和使用方法 ● 说出半自动切割机设备的保养方法 2. 半自动切割机的安全操作规范 ● 说出半自动切割机的安全操作规范 3. 半自动切割工艺要求 ● 描述半自动切割的工艺参数 ● 描述半自动切割的工艺流程 4. 半自动切割标准要求 ● 说出半自动切割的外观质量和尺寸要求 ● 说出提高半自动切割质量的方法	9

（续表）

学习任务	技能与学习要求	知识与学习要求	参考学时
8. 数控切割	1. 数控切割准备 ● 能在操作前检测数控切割设备的质量和性能 2. 钢材切割 ● 能使用数控切割设备进行钢材切割 ● 能运用计算机进行零件程序的调用 3. 数控切割质量检验 ● 能根据标准要求检验钢材的切割质量 ● 能进行钢材切割质量分析 ● 能对数控切割设备进行保养维护	1. 数控切割设备 ● 说出数控切割设备的类型、性能、工作原理和使用方法 ● 说出数控切割设备的保养方法 2. 数控切割的安全操作规范 ● 说出数控切割的安全操作规范 3. 数控切割工艺要求 ● 描述数控切割的工艺参数 ● 描述数控切割的工艺流程 4. 数控切割标准要求 ● 说出数控切割的外观质量和尺寸要求 ● 说出提高数控切割质量的方法	12
9. 装配测量	1. 精度测量 ● 能在测量前选择测量基准面 ● 能使用全站仪等工具测量精度 2. 水平测量 ● 能正确使用水平尺进行水平测量 3. 垂直测量 ● 能正确使用线锤进行垂直测量 4. 划线 ● 能按划线图样确定基准，排出划线顺序，在板料上划出图样线条 ● 能按划线图样确定基准并进行平面划线和立体划线 ● 能对照图纸检验划线的正确率并进行修正 5. 划线质量检验 ● 能根据标准要求检验划线质量	1. 测量工具认知 ● 说出装配测量工具的类型和用途 ● 描述装配测量工具的使用规范 ● 描述装配测量工具的安全要求 2. 装配测量工具的使用方法 ● 描述水平尺的使用和保养方法 ● 描述线锤的使用和保养方法 ● 描述水平软管的使用和保养方法 ● 描述激光经纬仪的使用和保养方法 ● 描述全站仪的使用和保养方法 3. 划线工具的使用方法 ● 描述划线工具的使用和保养方法 4. 划线标准要求 ● 描述划线相关的标准要求	9
10. 火工加工与矫正	1. 选择水火弯板工艺参数 ● 能正确选择水火弯板工艺参数 2. 火工加工操作 ● 能根据工艺要求对船体零部件进行火工加工	1. 火工加工与矫正的原理 ● 说出火工加工与矫正的原理 2. 火工设备 ● 说出火工常用设备的类型、性能、工作原理和使用方法	12

学习任务	技能与学习要求	知识与学习要求	参考学时
10. 火工加工与矫正	3. 火工矫正操作 ● 能根据工艺要求对船体零部件进行火工矫正 4. 火工质量检验 ● 能根据标准要求检验火工质量	3. 火工安全操作规范 ● 说出火工相关的安全操作规范 4. 火工加工与矫正的工艺要求 ● 描述火工加工的工艺流程和操作方法 ● 描述火工矫正的工艺流程和操作方法 5. 火工标准要求 ● 说出火工相关的标准要求	
合计			108

五、 实施建议

（一）教材编写与选用建议

1. 应依据本课程标准编写教材或选用教材，从国家和市级教育行政部门发布的教材目录中选用教材，优先选用国家和市级规划教材。

2. 教材应充分体现育人功能，紧密结合教材内容、素材，有机融入课程思政要求，使课程思政内容与专业知识、技能有机统一。

3. 以工作项目教学形式为主线设计教材，结合船体装配工(四级)国家职业资格标准中对船体建造零部件切割的相关要求，以职业能力为依据组织教材内容。

4. 教材编写应充分考虑中职学生的年龄特点和认知能力，教材文字表述应精练、准确、科学，内容展现应做到图文并茂，力求易学、易懂。

5. 教材内容应充实全面，由浅入深，逐步提高难度。教材内容叙述详细，并附有相当数量的练习。教材应满足职业技能鉴定规范的要求，可作为船舶技校船体装备专业的教材，也可供相关工种培训使用。

6. 教材应充分体现我国当前采用的先进的造船方法、造船技术和造船工艺，并具有较强的实用性。

7. 教材内容应依据企业和行业的发展实际，体现船舶制造技术行业对从业人员综合素质的需求。

8. 教材应力求反映船体修造技术专业切割加工的现状和发展趋势，充分体现新技术、新工艺、新方法，更贴近船体修造技术专业未来发展的需要。

（二）教学实施建议

1. 切实推进课程思政建设，深入挖掘课程思政元素，将船舶发展史与专业知识相融合，寓价值观引导于知识传授和能力培养之中,帮助学生塑造正确的世界观、人生观、价值观。

2. 以够用、先进、实用为原则,紧密结合船体装配工的能力要求,加强操作训练,提高学生的岗位适应能力。

3. 在教学过程中,要创设专业教学活动的情境,加强操作训练,紧密围绕各活动设计的相关内容与要求,提高学生的动手能力,培养学生的创新精神。

4. 在教学过程中,注重培养学生严谨的工作作风、实事求是的工作态度和良好的职业素养。

5. 在教学过程中,要关注船体装配工作领域技术、工艺、方法的发展趋势。

(三)教学评价建议

1. 采用过程性评价和结果性评价相结合的评价体系,引导学生积累知识和提升技能。

2. 理论考试与技能考核相结合,理论考试重点考查学生运用知识解决实际问题的能力,技能考核重点考查学生平时掌握的技能知识,引导学生规范操作、安全文明操作。关注节能环保、爱惜工具设备等方面。

3. 贴近企业实际生产需要,加强对实践性教学内容的考核,充分关注学生的个体差异,结合平时练习、阶段训练、综合实训及学习态度等进行综合评价,发挥评价的激励作用。

4. 注重对学生发现问题、分析问题和解决问题能力的评价,鼓励学生在知识的学习和应用上有所创新。

5. 加强对学生遵守操作规程、文明生产、安全意识、责任意识、质量意识、标准意识的考核评价。

(四)资源利用建议

1. 充分发挥现代化信息技术的优势,利用开发的教学资源库、省市级精品课程资源,创设生动的生产学习环境,激发学生的学习兴趣,帮助学生理解和掌握知识,提高课堂教学时间的利用率。

2. 课程团队与科研院所共同搭建船体装配仿真实训平台,内容涵盖船体分段装配所有典型工作项目。

3. 加强校企结合,建立学生实习基地,加快学生角色转换,缩短就业适应期。

4. 充分利用开放式公共实训中心,培养学生的综合职业能力。

船体部件装配课程标准

课程名称

船体部件装配

适用专业

中等职业学校船体修造技术专业

一、 课程性质

船体部件装配是中等职业学校船体修造技术专业的一门专业核心课程,也是一门专业必修课程。其功能是使学生掌握船体部件装配的基本理论知识和基本应用技能。本课程是学习船体分段制造的前置课程,也是学生后续学习其他专业课程的基础。

二、 设计思路

本课程遵循任务引领、做学一体的原则,根据船体修造技术专业相应职业岗位的工作任务与职业能力分析结果,以船体部件装配工作领域的相关工作任务与职业能力为依据而设置。

课程内容紧紧围绕船体部件装配所需的职业能力培养的需要,同时充分考虑本专业学生的认知能力,按照必需、够用的原则确定相关理论知识、专业技能与要求。

课程内容组织遵循职业能力发展规律和学生认知规律,以船体结构典型部件制造为主线,由易到难,设计了典型船体小组立结构装配、舾装件装配、典型船体板架结构装配、典型船体框架结构装配等十二个学习任务,以任务为引领,整合相关知识、技能与职业素养。

本课程建议学时数为 144 学时。

三、 课程目标

通过本课程的学习,学生能理解中国造船质量标准 CSQS 对船体部件装配的验收标准和精度要求,熟悉典型船舶分段及其小组立部件、舾装件的作用和结构特点等知识,掌握船体部件装配、生产质量分析、控制与检验、变形矫正等专业技能,达到船体装配工(四级)职业技能等级证书的相关考核要求,具体达成以下职业素养和职业能力目标。

（一）职业素养目标

- 具有良好的职业道德,自觉遵守船舶行业相关法规和企业规章制度,具有社会责任感和担当精神。

- 具有良好的职业习惯,严格遵守各项生产规范和标准要求,做到按图施工、勤学善思。

- 具有良好的安全意识、质量意识和环保节能意识,严格遵守企业绿色造船相关要求,积极践行绿色低碳发展新理念。

- 具有较强的语言表达能力、人际交流能力和良好的集体意识、团队合作意识。

（二）职业能力目标

- 能识读生产设计图样和技术文件。

- 能掌握船体部件制造工艺流程。

- 能正确使用船体部件装配相关工具和设备。

- 能选择合适的工艺和方法。

- 能完成典型船体小组立结构装配。

- 能完成舾装件装配。

- 能完成典型船体板架结构装配。

- 能完成典型船体框架结构装配。

- 能检测装配质量。

- 能进行装配变形矫正。

四、课程内容与要求

学习任务	技能与学习要求	知识与学习要求	参考学时
1. 底部分段平板拼接	1. 拼板前的检测 ● 能正确选择拼板设备、工具和工装 2. 拼板操作 ● 能根据底部分段特点和相关工艺要求进行拼板操作 3. 拼板变形矫正 ● 能控制拼板时产生的变形 ● 能根据拼板变形类型来矫正变形	1. 底部分段特点 ● 说出底部分段作用和结构特点 2. 拼板工艺 ● 说出不同拼板工艺要求 ● 描述拼板工艺流程 3. 拼板变形原因 ● 说出拼板变形类型 ● 描述拼板变形原因	6

(续表)

学习任务	技能与学习要求	知识与学习要求	参考学时
2. 甲板分段 T 型直梁装配	1. 装配前的判断 ● 能正确选择 T 型直梁装配所需设备、工具和工装 2. T 型直梁装配 ● 能根据船体甲板分段特点和相关工艺要求进行 T 型直梁装配 3. T 型直梁变形矫正 ● 能控制 T 型直梁装配时产生的变形 ● 能对产生的变形进行矫正	1. 甲板分段特点 ● 说出甲板分段作用和结构特点 2. T 型直梁装配工艺要求 ● 描述 T 型直梁装配工艺流程 3. T 型直梁装配变形原因 ● 描述 T 型直梁装配变形原因	6
3. 舷侧分段 T 型弯梁装配	1. 装配前的检测 ● 能正确运用 T 型弯梁装配所需设备、工具和工装 2. T 型弯梁装配 ● 能根据舷侧分段特点和相关工艺要求进行 T 型弯梁装配 3. T 型弯梁变形矫正 ● 能控制 T 型弯梁装配时产生的变形 ● 能对产生的变形进行矫正	1. 舷侧分段特点 ● 说出舷侧分段作用和结构特点 2. T 型弯梁装配工艺要求 ● 描述 T 型弯梁装配工艺流程 3. T 型弯梁装配变形原因 ● 描述 T 型弯梁装配变形原因	6
4. 水平基座装配	1. 识别水平基座基础装备 ● 能正确选择水平基座装配所需设备、工具和工装 2. 水平基座装配 ● 能根据水平基座特点和相关工艺要求进行装配 3. 水平基座变形矫正 ● 能控制水平基座装配时产生的变形 ● 能对产生的变形进行矫正	1. 水平基座特点 ● 说出水平基座作用和结构特点 2. 水平基座装配工艺要求 ● 描述水平基座装配方法 ● 描述水平基座装配工艺流程 3. 水平基座装配变形原因 ● 解释水平基座装配变形原因	12
5. 斜基座装配	1. 分析所需要的工具 ● 能正确选择斜基座装配所需设备、工具和工装 2. 斜基座装配 ● 能根据斜基座特点和相关工艺要求进行装配 3. 斜基座变形矫正 ● 能控制斜基座装配时产生的变形 ● 能对产生的变形进行矫正	1. 斜基座特点 ● 说出斜基座作用和结构特点 2. 斜基座装配工艺要求 ● 描述斜基座装配方法 ● 描述斜基座装配工艺流程 3. 斜基座装配变形原因 ● 描述斜基座装配变形原因	12

（续表）

学习任务	技能与学习要求	知识与学习要求	参考学时
6. 分箱料斗装配	1. 装配前的判断 ● 能正确选择分箱料斗装配所需设备、工具和工装 2. 分箱料斗装配 ● 能根据分箱料斗特点和相关工艺要求进行装配 3. 分箱料斗变形矫正 ● 能控制分箱料斗装配时产生的变形 ● 能对产生的变形进行矫正	1. 分箱料斗特点 ● 说出分箱料斗作用和结构特点 2. 分箱料斗装配工艺要求 ● 描述分箱料斗装配方法 ● 描述分箱料斗装配工艺流程 3. 分箱料斗装配变形原因 ● 解释分箱料斗装配变形原因	18
7. 漏斗装配	1. 装配前的检测 ● 能正确选择漏斗装配所需设备、工具和工装 2. 漏斗装配 ● 能根据漏斗特点和相关工艺要求进行装配 3. 漏斗变形矫正 ● 能控制漏斗装配时产生的变形 ● 能对产生的变形进行矫正	1. 漏斗特点 ● 说出漏斗作用和结构特点 2. 漏斗装配工艺要求 ● 描述漏斗装配方法 ● 描述漏斗装配工艺流程 3. 漏斗装配变形原因 ● 描述漏斗装配变形原因	18
8. 烟囱装配	1. 装配前的检测 ● 能正确选择烟囱装配所需设备、工具和工装 2. 烟囱装配 ● 能根据烟囱特点和相关工艺要求进行装配 3. 烟囱变形矫正 ● 能控制烟囱装配时产生的变形 ● 能对产生的变形进行矫正	1. 烟囱特点 ● 说出烟囱作用和结构特点 2. 烟囱装配工艺要求 ● 根据烟囱特点选取适当的建造方法 ● 描述烟囱装配工艺流程 3. 烟囱装配变形原因 ● 解释烟囱装配变形原因	18
9. 内底分段平面板架结构装配	1. 装配前的分析 ● 能正确选择平面板架结构装配所需设备、工具和工装 ● 能根据胎架图布置平面板架结构 2. 平面板架结构装配 ● 能根据船体内底分段特点和相关工艺要求进行平面板架结构装配 ● 能对平面板架结构装配作临时结构加强 3. 平面板架结构变形矫正 ● 能控制平面板架结构装配时产生的变形 ● 能对产生的变形进行矫正	1. 内底分段特点 ● 说出船体内底分段作用和结构特点 2. 平面板架结构装配工艺流程 ● 描述平面板架结构装配工艺流程 3. 平面板架结构装配变形原因 ● 解释平面板架结构装配变形原因	12

（续表）

学习任务	技能与学习要求	知识与学习要求	参考学时
10. 艏部分段曲面板架结构装配	1. 曲面板架结构装配 ● 能根据船体艏部分段特点和相关工艺要求进行曲面板架结构装配 ● 能对曲面板架结构装配作临时结构加强 2. 曲面板架结构变形矫正 ● 能控制曲面板架结构装配时产生的变形 ● 能对产生的变形进行矫正	1. 艏部分段特点 ● 说出船体艏部分段作用和结构特点 2. 曲面板架结构装配工艺流程 ● 描述曲面板架结构装配工艺流程 3. 曲面板架结构装配变形原因 ● 解释曲面板架结构装配变形原因	12
11. 普通肋骨框架装配	1. 装配前的准备 ● 能正确选择普通肋骨框架装配所需设备、工具和工装 2. 普通肋骨框架装配 ● 能根据船体特点和相关工艺要求进行普通肋骨框架装配 ● 能对普通肋骨框架装配作临时结构加强 3. 普通肋骨框架变形矫正 ● 能控制普通肋骨框架装配时产生的变形 ● 能对产生的变形进行矫正	1. 普通肋骨环形框架特点 ● 说出普通肋骨环形框架作用和结构特点 2. 普通肋骨框架装配工艺流程 ● 描述普通肋骨框架装配工艺流程 3. 普通肋骨框架装配变形原因 ● 解释普通肋骨框架装配变形原因	12
12. 强肋骨框架装配	1. 装配前的准备 ● 能正确选择强肋骨框架装配所需设备、工具和工装 ● 能根据胎架图布置强肋骨框架 2. 强肋骨框架装配 ● 能根据船体特点和相关工艺要求进行强肋骨框架装配 ● 能对强肋骨框架装配作临时结构加强 3. 强肋骨框架变形矫正 ● 能控制强肋骨框架装配时产生的变形 ● 能对产生的变形进行矫正	1. 强肋骨环形框架特点 ● 说出强肋骨环形框架作用和结构特点 2. 强肋骨框架装配工艺流程 ● 描述强肋骨框架装配工艺流程 3. 强肋骨框架装配变形原因 ● 解释强肋骨框架装配变形原因	12
合计			144

五、 实施建议

（一）教材编写与选用建议

1. 应依据本课程标准编写教材或选用教材，从国家和市级教育行政部门发布的教材目录中选用教材，优先选用国家和市级规划教材。

2. 教材应充分体现育人功能，紧密结合教材内容、素材，有机融入课程思政要求，使课程思政内容与专业知识、技能有机统一。

3. 以工作任务为主线来设计教材，结合职业技能鉴定要求，以适度够用为原则来确定教学内容，并根据完成专业教学任务的需要来组织教材内容。

4. 教材应体现通用性、实用性、先进性，反映本专业的新工艺、新技术、新知识，体现数字化造船、精度造船和绿色造船对从业人员综合素质的需求。教学活动的选择和设计要科学、具体、可操作。

5. 教材编写应充分考虑中职学生的年龄特点和认知能力，教材文字表述应精练、准确、科学，内容展现应做到图文并茂，力求易学、易懂。

（二）教学实施建议

1. 切实推进课程思政建设，寓价值观引导于知识传授和能力培养之中，帮助学生塑造正确的世界观、人生观、价值观。要深入梳理教学内容，结合课程特点，深入挖掘课程思政元素，有机融入课程教学，达到润物无声的育人效果。

2. 教学要充分体现职业教育"实践导向、任务引领、理实一体、做学合一"的课改理念，紧密联系企业生产实际，把平板拼接、基座装配和平面板架结构装配等典型生产作业任务作为载体，创设工作任务情境，紧密结合职业技能鉴定的考核要求，激发学生的学习兴趣，提升学生分析问题、解决问题及创新的能力。

3. 坚持以学生为中心的教学理念，充分尊重学生，遵循学生认知特点和学习规律，以学为中心设计和组织教学活动。教师应努力成为学生学习的组织者、指导者和陪伴者，积极探索探究式学习、问题导向式学习等多种学习方式，启发学生自主学习，合作探究。

4. 在教学过程中，以学生为主体，让学生在做中学，在学中做。教师引导学生分组进行头脑风暴，制定工作方案，开展实操训练，学生提问和教师示范、解答、总结有机结合，通过生生互动、师生互动，发挥虚拟仿真实训平台等平台的作用，提升教学效果。

（三）教学评价建议

1. 以学习目标为评价标准，采用阶段评价、目标评价、理论与实践一体化评价等评价模式。

2. 关注评价的多元化，结合课堂提问、学生作业、平时测验、实训操作及考试等情况，综合评定学生成绩。

3. 重视并加强对职业素养的评价,以评价促进学生职业素养的养成。重点关注对学生文明生产、安全意识、责任意识、质量意识、标准意识等职业素养的评价。注重过程性评价,注意积累过程性评价资料。

(四)资源利用建议

1. 注重实训指导手册、课堂配套练习册、图册、实训教材的开发和应用。

2. 注重多媒体教学资源库、多媒体教学课件、多媒体仿真软件等现代化教学资源的开发和利用,努力实现跨学校多媒体资源的共享,以提高课程资源的利用率。

3. 积极开发和利用网络课程资源,充分利用数字图书馆、教育网站和电子论坛等网络信息资源。

4. 充分利用学校的实训设施设备,将理论教学与技能实训融为一体,满足学生综合职业能力培养的要求。

船体分段制造课程标准

┃课程名称

船体分段制造

┃适用专业

中等职业学校船体修造技术专业

一、 课程性质

船体分段制造是中等职业学校船体修造技术专业的一门专业核心课程,也是一门专业必修课程。其功能是通过完成船体底部分段制造、船体舷侧分段制造、船体甲板分段制造等学习任务,使学生系统掌握船体分段制造工艺与操作技能。本课程是专业核心课程的深化与提高,也是学生后续学习船体总组搭载课程的基础。

二、 设计思路

本课程遵循任务引领、做学一体的原则,根据船体修造技术专业相应职业岗位的工作任务与职业能力分析结果,以船体分段制造工作领域的相关工作任务与职业能力为依据而设置。

课程内容紧紧围绕船体装配工岗位从业人员应具备的职业能力要求,同时充分考虑本专业学生的认知能力,按照必需、够用的原则确定相关理论知识、专业技能与要求。

课程内容组织遵循职业能力发展规律和学生认知规律,以船体分段制造工作过程为主线,由易到难,设计了船体分段制造准备、胎架制造、船体底部分段制造、船体甲板分段制造、船体舷侧分段制造五个学习任务。

本课程建议学时数为 72 学时。

三、 课程目标

通过本课程学习,学生能具备安全生产规范相关知识,掌握船体分段制造工艺和分段制造技能,达到船体装配工(四级)职业技能等级证书的相关考核要求,具体达成以下职业素养和职业能力目标。

(一)职业素养目标

● 具有良好的职业道德,自觉遵守船舶行业相关法规和企业规章制度,具有社会责任感和担当精神。

- 具有良好的集体意识和团队合作意识,会协调解决船体分段制造工作中遇到的实际技术问题。
- 具有良好的安全意识、质量意识和环保节能意识,严格遵守企业绿色造船相关要求,积极践行绿色低碳发展新理念。
- 具有学习新技术、新方法的兴趣和能力,具有创新精神,不断钻研船体分段制造相关的新工艺。

(二) 职业能力目标

- 能识读生产设计图样和技术文件。
- 能遵守船体分段制造标准要求。
- 能正确使用船体分段制造相关工具和设备。
- 能选择合适的工艺和方法。
- 能完成分段胎架制造。
- 能完成船体底部分段制造。
- 能完成船体甲板分段制造。
- 能完成船体舷侧分段制造。
- 能完成分段尺寸测量与质量检验。

四、 课程内容与要求

学习任务	技能与学习要求	知识与学习要求	参考学时
1. 船体分段制造准备	1. 正确穿戴劳防用品 ● 能在操作前正确穿戴劳防用品,做好个人防护 ● 能遵守船体装配工安全操作规范 2. 识别船体分段 ● 能区分船体分段的结构、用途和特点 3. 选用工艺参数 ● 能根据分段的类型、结构和位置等,正确选择工艺参数	1. 安全文明生产规范 ● 描述安全文明生产规范的要求 ● 描述易燃、易爆隐患 ● 描述特殊环境安全隐患 2. 船体分段的类型和结构 ● 描述船体分段的类型和用途 ● 描述船体分段的结构和特点 3. 船体分段制造工艺和标准 ● 描述船体分段制造的工艺流程和注意事项 ● 描述《中国造船质量标准(GB/T 34000-2016)》的内容与要求	6

（续表）

学习任务	技能与学习要求	知识与学习要求	参考学时
2. 胎架制造	1. 识别胎架 ● 能根据胎架特点识别不同类型的胎架 ● 能正确选择胎架基准面 2. 识读胎架布置图 ● 能正确识读胎架布置图 ● 能根据胎架布置图分析其结构特点 3. 胎架制造 ● 能按照工艺要求制造胎架 4. 胎架检验 ● 能根据图纸要求选择胎架基准面 ● 能按照标准要求检测胎架精度	1. 胎架的类型和特点 ● 说出胎架的类型、特点和用途 ● 描述胎架的结构形式和适用范围 ● 描述胎架基准面的选择方法 2. 胎架布置图 ● 描述胎架布置图的作用和内容 3. 胎架制造工艺和标准 ● 说出胎架布置应考虑的因素 ● 描述胎架制造的方法和技术要求 ● 描述胎架制造的质量要求	12
3. 船体底部分段制造	1. 准备工具工装 ● 能正确选择船体底部分段制造所需的材料、设备、工具和工装 2. 识图领料 ● 能正确识读船体底部分段结构图，分析其结构特点 ● 能根据图纸要求领取施工所需材料 3. 胎架制造 ● 能根据建造方法选择分段胎架的形式 ● 能识读船体底部分段胎架布置图 ● 能正确选择胎架基准面 ● 能根据工艺要求制造船体底部分段胎架 ● 能检测胎架质量 4. 船体底部分段制造 ● 能正确选择分段制造方法 ● 能根据工艺要求制造小组立和中组立 ● 能完成分段制造划线 ● 能完成分段余量切割 ● 能完成船体底部分段制造 5. 船体底部分段质量检测 ● 能根据标准要求检测分段质量 ● 能归纳控制精度的方法	1. 船体底部分段结构 ● 说出船体底部分段的组成 ● 说出船体底部分段的结构和特点 2. 船体底部分段结构图 ● 描述船体底部分段结构图的表达内容和特点 3. 船体底部分段胎架制造工艺要求 ● 说出船体底部分段胎架布置应考虑的因素 ● 描述船体底部分段胎架制造的方法和技术要求 ● 描述船体底部分段胎架制造的质量要求 4. 船体底部分段制造方法 ● 说出船体底部分段小组立和中组立的制造流程 ● 描述船体底部分段制造的划线方法 ● 描述船体底部分段制造的余量切割方法 ● 描述船体底部分段小组立和中组立的划线、安装方法 5. 船体底部分段制造标准 ● 说出船体底部分段制造标准要求 6. 船体底部分段精度控制方法 ● 描述船体底部分段精度控制方法 ● 说出预防分段变形的方法	18

学习任务	技能与学习要求	知识与学习要求	参考学时
4. 船体甲板分段制造	1. 准备工具工装 ● 能正确选择船体甲板分段制造所需的材料、设备、工具和工装 2. 识图领料 ● 能正确识读船体甲板分段结构图,分析其结构特点 ● 能根据图纸要求领取施工所需材料 3. 胎架制造 ● 能根据建造方法选择分段胎架的形式 ● 能识读船体甲板分段胎架布置图 ● 能正确选择胎架基准面 ● 能根据工艺要求制造船体甲板分段胎架 ● 能检测胎架质量 4. 船体甲板分段制造 ● 能正确选择分段制造方法 ● 能根据工艺要求制造小组立和中组立 ● 能完成分段制造划线 ● 能完成分段余量切割 ● 能完成船体甲板分段制造 5. 船体甲板分段质量检测 ● 能根据标准要求检测分段质量 ● 能归纳控制精度的方法	1. 船体甲板分段结构 ● 说出船体甲板分段的组成 ● 描述船体甲板分段的结构和特点 2. 船体甲板分段结构图 ● 说出船体甲板分段结构图的表达内容和特点 3. 船体甲板分段胎架制造工艺要求 ● 说出船体甲板分段胎架布置应考虑的因素 ● 描述船体甲板分段胎架制造的方法和技术要求 ● 描述船体甲板分段胎架制造的质量要求 4. 船体甲板分段制造方法 ● 说出船体甲板分段小组立和中组立的制造流程 ● 描述船体甲板分段制造的划线方法 ● 描述船体甲板分段制造的余量切割方法 ● 描述船体甲板分段小组立和中组立的划线、安装方法 5. 船体甲板分段制造标准 ● 描述船体甲板分段制造标准要求 6. 船体甲板分段精度控制方法 ● 描述船体甲板分段精度控制方法 ● 说出预防分段变形的方法	18
5. 船体舷侧分段制造	1. 准备工具工装 ● 能正确选择船体舷侧分段制造所需的材料、设备、工具和工装 2. 识图领料 ● 能正确识读船体舷侧分段结构图,分析其结构特点 ● 能根据图纸要求领取施工所需材料 3. 胎架制造 ● 能根据建造方法选择分段胎架的形式	1. 船体舷侧分段结构 ● 说出船体舷侧分段的组成 ● 描述船体舷侧分段的结构和特点 2. 船体舷侧分段结构图 ● 说出船体舷侧分段结构图的表达内容和特点 3. 船体甲板分段胎架制造工艺要求 ● 说出船体舷侧分段胎架布置应考虑的因素 ● 描述船体舷侧分段胎架制造的方法和技术要求	18

(续表)

学习任务	技能与学习要求	知识与学习要求	参考学时
5. 船体舷侧分段制造	● 能识读船体舷侧分段胎架布置图 ● 能正确选择胎架基准面 ● 能根据工艺要求制造船体舷侧分段胎架 ● 能检测胎架质量 4. 船体舷侧分段制造 ● 能正确选择分段制造方法 ● 能根据工艺要求制造小组立和中组立 ● 能完成分段制造划线 ● 能完成分段余量切割 ● 能完成船体舷侧分段制造 5. 船体舷侧分段质量检测 ● 能根据标准要求检测分段质量 ● 能归纳控制精度的方法	● 描述船体舷侧分段胎架制造的质量要求 4. 船体舷侧分段制造方法 ● 说出船体舷侧分段小组立和中组立的制造流程 ● 描述船体舷侧分段制造的划线方法 ● 描述船体舷侧分段制造的余量切割方法 ● 描述船体舷侧分段小组立和中组立的划线、安装方法 5. 船体舷侧分段制造标准 ● 描述船体舷侧分段制造标准要求 6. 船体舷侧分段精度控制方法 ● 描述船体舷侧分段精度控制方法 ● 说出预防分段变形的方法	
合计			72

五、 实施建议

(一) 教材编写与选用建议

1. 应依据本课程标准编写教材或选用教材,从国家和市级教育行政部门发布的教材目录中选用教材,优先选用国家和市级规划教材。

2. 教材应充分体现育人功能,紧密结合教材内容、素材,有机融入课程思政要求,使课程思政内容与专业知识、技能有机统一。

3. 以工作任务为主线来设计教材,结合职业技能鉴定要求,以适度够用为原则来确定教学内容,并根据完成专业教学任务的需要来组织教材内容。

4. 教材应体现通用性、实用性、先进性,反映本专业的新工艺、新技术、新知识,体现数字化造船、精度造船和绿色造船对从业人员综合素质的需求。教学活动的选择和设计要科学、具体、可操作。

5. 教材编写应充分考虑中职学生的年龄特点和认知能力,教材文字表述应精练、准确、科学,内容展现应做到图文并茂,力求易学、易懂。

(二) 教学实施建议

1. 切实推进课程思政建设,寓价值观引导于知识传授和能力培养之中,帮助学生塑造正确的世界观、人生观、价值观。要深入梳理教学内容,结合课程特点,深入挖掘课程思政元素,有机融入课程教学,达到润物无声的育人效果。

2. 在教学过程中,应立足学生实际操作能力的培养,采用任务引领、项目教学的方法,激发学生的学习兴趣,提高学生的成就感。

3. 以项目为教学载体,以学生为学习主体,让学生在完成学习任务的过程中学习知识,以讨论、演示、启发、鼓励等方式进行教学,培养学生独立自主工作的能力,引导学生灵活运用理论知识。

4. 坚持理论学习与课程实践相结合,充分利用学校、企业等提供的良好教学实践条件,围绕工学结合,创新教学方法,培养学生的综合职业能力和可持续发展能力。

5. 在教学过程中,要重视本专业领域新标准的贯彻,及时关注技术、工艺、设备的发展趋势,帮助学生养成良好的规范意识和习惯,为学生提供职业生涯发展所需的新知识和新技能。

(三)教学评价建议

1. 以学习目标为评价标准,采用阶段评价、目标评价、理论与实践一体化评价等评价模式。

2. 关注评价的多元化,结合课堂提问、学生作业、平时测验、实训操作及考试等情况,综合评定学生成绩。

3. 重视并加强对职业素养的评价,以评价促进学生职业素养的养成。重点关注对学生文明生产、安全意识、责任意识、质量意识、标准意识等职业素养的评价。注重过程性评价,注意积累过程性评价资料。

(四)资源利用建议

1. 注重实训指导手册、课堂配套练习册、图册、实训教材的开发和应用。

2. 注重多媒体教学资源库、多媒体教学课件、多媒体仿真软件等现代化教学资源的开发和利用,努力实现跨学校多媒体资源的共享,以提高课程资源的利用率。

3. 积极开发和利用网络课程资源,充分利用数字图书馆、教育网站和电子论坛等网络信息资源。

4. 充分利用学校的实训设施设备,将理论教学与技能实训融为一体,满足学生综合职业能力培养的要求。

船体总组搭载课程标准

课程名称

船体总组搭载

适用专业

中等职业学校船体修造技术专业

一、 课程性质

船体总组搭载是中等职业学校船体修造技术专业的一门专业核心课程,也是一门专业必修课程。其功能是通过完成船体总组工艺认知、总组场地布置、总组分段装配、总段搭载等学习任务,使学生系统掌握船体总组搭载工艺与操作技能。本课程是专业核心课程的深化与提高。

二、 设计思路

本课程遵循任务引领、做学一体的原则,根据中等职业学校船体修造技术专业相应职业岗位的工作任务与职业能力分析结果,以船体总组搭载工作领域的相关工作任务与职业能力为依据而设置。

课程内容紧紧围绕船体装配工岗位从业人员应具备的职业能力要求,同时充分考虑本专业学生的认知能力,按照必需、够用的原则确定相关理论知识、专业技能与要求。

课程内容组织遵循职业能力发展规律和学生认知规律,以船体总组搭载工作过程为主线,由易到难,设计了船体总组准备、船体总组定位与装配、搭载准备、总段搭载、舾装件安装五个学习任务。

本课程建议学时数为72学时。

三、 课程目标

通过本课程学习,学生能具备安全生产规范相关知识,掌握船体总组搭载工艺、标准和相关操作技能,达到船体装配工(四级)职业技能等级证书的相关考核要求,具体达成以下职业素养和职业能力目标。

(一) 职业素养目标

- 具有良好的职业道德,自觉遵守船舶行业相关法规和企业规章制度,具有社会责任感和担当精神。

- 具有良好的职业习惯,严格遵守各项生产规范和标准要求,做到按图施工、勤学善思。

- 具有良好的集体意识和团队合作意识,会协调解决船体总组搭载工作中遇到的实际技术问题。

- 具有良好的安全意识、质量意识和环保节能意识,严格遵守企业绿色造船相关要求,积极践行绿色低碳发展新理念。

- 具有一定的分析和解决工艺问题的能力。

- 具有学习新技术、新方法的兴趣和能力,具有创新精神,不断钻研船体总组搭载相关的新工艺。

(二)职业能力目标

- 能确定船舶总装工艺和规范要求。

- 能确定总组场地布置。

- 能完成总组前各分段精度测量。

- 能根据标准要求完成分段余量切割。

- 能读懂搭载流程图。

- 能根据工艺要求正确选择工装和设备。

- 能分析各种建造方法的优缺点,并合理选择建造方法。

- 能绘制分段定位线和对合线,达到精度要求。

- 能结合装配变形规律,采取各种变形预防措施。

- 能矫正总段焊接产生的变形。

四、 课程内容与要求

学习任务	技能与学习要求	知识与学习要求	参考学时
1. 船体总组准备	1. 正确穿戴劳防用品 ● 能在操作前正确穿戴劳防用品,做好个人防护 ● 能遵守船体装配工安全操作规范 2. 识别船体总段 ● 能区分船体总段的结构、用途和特点	1. 安全文明生产规范 ● 描述安全文明生产规范的要求 ● 描述易燃、易爆隐患 ● 描述特殊环境安全隐患 2. 船体总段的类型和结构 ● 描述船体总段的类型和用途 ● 描述船体总段的结构和特点	12

（续表）

学习任务	技能与学习要求	知识与学习要求	参考学时
1. 船体总组准备	3. 识别船台和船坞 ● 能识别船台与船坞的布局特点 4. 总组场地布置 ● 能完成基准线勘划 ● 能完成总组场地布置 5. 分段精度测量 ● 能正确使用精度测量工具 ● 能完成总组前各分段精度测量 6. 分段余量切割 ● 能根据标准要求完成分段余量切割	3. 船台和船坞的类型 ● 说出船台和船坞的类型 ● 描述企业总组场地布置特点 4. 精度管理要求 ● 说出总组精度测量的工作流程 ● 描述精度数据分析方法 ● 描述测量工具的使用方法	
2. 船体总组定位与装配	1. 确定分段总组工艺流程 ● 能根据船体图样明确总组工艺流程 2. 选择工装和设备 ● 能根据工艺要求正确选择工装和设备 3. 选择建造方法 ● 能分析各种建造方法的优缺点，并合理选择建造方法 4. 总段定位 ● 能根据工艺要求完成总段定位 5. 总段装配 ● 能绘制分段定位线和对合线，达到精度要求 ● 能根据工艺要求完成总组分段装配 6. 总组质量检测 ● 能根据标准要求检测总组质量 ● 能归纳控制精度的方法	1. 总组工装和设备 ● 描述总组工装和设备的类型与用途 2. 船体总段定位工艺 ● 描述船体总段定位的工艺流程 ● 描述船体总段定位的技术要求 3. 船体总段装配工艺 ● 描述船体总段装配的工艺流程 ● 描述船体总组分段装配的方法 ● 描述船体总段装配的技术要求 4. 船体总组标准要求 ● 描述船体总组相关标准要求	18
3. 搭载准备	1. 识读搭载流程图 ● 能正确识读搭载流程图 2. 搭载场地布局 ● 能完成搭载场地布置 ● 能检验搭载场地布置的质量 3. 搭载精度测量 ● 能完成搭载前各分段精度测量 4. 总段精度测量 ● 能正确使用精度测量工具	1. 搭载流程图 ● 说出搭载流程图的组成和作用 ● 说出搭载流程图的表达内容 ● 描述不同类型总段搭载流程图的特点 2. 搭载场地布置特点 ● 描述企业搭载场地布置特点 3. 精度管理要求 ● 说出总组精度测量的工作流程	12

(续表)

学习任务	技能与学习要求	知识与学习要求	参考学时
3. 搭载准备	● 能完成搭载前总段精度测量 5. 分段余量切割 ● 能根据标准要求完成分段余量切割	● 描述精度数据分析方法 ● 描述测量工具的使用方法	
4. 总段搭载	1. 选择工装和设备 ● 能根据工艺要求正确选择工装和设备 2. 搭载定位 ● 能绘制定位线和对合线,质量符合划线要求 ● 能完成搭载定位操作 3. 搭载装配 ● 能根据工艺要求完成总段搭载装配 4. 精度控制 ● 能结合装配变形规律,采取各种变形预防措施 ● 能描述总段焊接变形的矫正方法 5. 搭载质量检测 ● 能根据标准要求检测搭载质量 ● 能归纳控制精度的方法	1. 搭载工装和设备 ● 描述总段搭载工装的类型 ● 描述总段搭载设备的类型 2. 搭载流程和要求 ● 描述船体总段搭载的工艺流程 ● 描述船体总段搭载的技术要求 3. 搭载标准 ● 描述总段搭载的精度要求 ● 描述总段搭载的精度控制方法	18
5. 舾装件安装	1. 确定舾装件安装工艺流程 ● 能确定舾装件安装工艺流程 2. 选择工装和设备 ● 能根据工艺要求正确选择工装和设备 3. 舾装件安装 ● 能根据工艺要求安装船用舾装件 4. 安装质量检测 ● 能根据标准要求检测舾装件安装质量 ● 能归纳控制精度的方法	1. 舾装件类型和作用 ● 描述舾装件的类型 ● 描述舾装件的作用 2. 舾装件安装工艺 ● 描述舾装件的安装流程和精度要求 ● 描述舾装件的安装位置 3. 舾装件安装标准要求 ● 描述舾装件安装的相关标准要求	12
合计			72

五、 实施建议

(一) 教材编写与选用建议

1. 应依据本课程标准编写教材或选用教材,从国家和市级教育行政部门发布的教材目录中选用教材,优先选用国家和市级规划教材。

2. 教材应充分体现育人功能,紧密结合教材内容、素材,有机融入课程思政要求,使课程思政内容与专业知识、技能有机统一。

3. 以工作项目教学形式为主线设计教材,结合船体装配工(四级)国家职业资格标准中对船体装配工操作的相关要求,以职业能力为依据组织教材内容。

4. 教材编写应充分考虑中职学生的年龄特点和认知能力,教材文字表述应精练、准确、科学,内容展现应做到图文并茂,力求易学、易懂。

5. 教材内容应依据企业和行业的发展实际,体现船舶制造技术行业对从业人员综合素质的需求。

6. 教材应力求反映船舶制造行业的现状和发展趋势,充分体现新技术、新工艺、新方法,更贴近船体修造技术专业未来发展的需要。

(二) 教学实施建议

1. 切实推进课程思政建设,寓价值观引导于知识传授和能力培养之中,帮助学生塑造正确的世界观、人生观、价值观。要深入梳理教学内容,结合课程特点,深入挖掘课程思政元素,有机融入课程教学,达到润物无声的育人效果。

2. 以项目为教学载体,以学生为学习主体,让学生在完成学习任务的过程中学习知识,以讨论、演示、启发、鼓励等方式进行教学,培养学生独立自主工作的能力,引导学生灵活运用理论知识。

3. 在教学过程中,要重视本专业领域新标准的贯彻,及时关注技术、工艺、设备的发展趋势,帮助学生养成良好的规范意识和习惯,为学生提供职业生涯发展所需的新知识和新技能。

4. 在教学过程中,要注意结合企业生产实际,多展示现场分段总组搭载的案例,激发学生的学习兴趣,提高学生的学习主动性和积极性。

5. 在教学过程中,应积极引导学生遵守职业道德,提升职业素质。

(三) 教学评价建议

1. 以学习目标为评价标准,采用阶段评价、目标评价、理论与实践一体化评价等评价模式。

2. 关注评价的多元化,结合课堂提问、学生作业、平时测验、实训操作及考试等情况,综合评定学生成绩。

3. 重视并加强对职业素养的评价,以评价促进学生职业素养的养成。重点关注对学生文明生产、安全意识、责任意识、质量意识、标准意识等职业素养的评价。注重过程性评价,注意积累过程性评价资料。

（四）资源利用建议

1. 注重实训指导手册、课堂配套练习册、图册、实训教材的开发和应用。

2. 注重多媒体教学资源库、多媒体教学课件、多媒体仿真软件等现代化教学资源的开发和利用，努力实现跨学校多媒体资源的共享，以提高课程资源的利用率。

3. 积极开发和利用网络课程资源，充分利用数字图书馆、教育网站和电子论坛等网络信息资源。

4. 充分利用学校的实训设施设备，将理论教学与技能实训融为一体，满足学生综合职业能力培养的要求。

上海市中等职业学校专业教学标准开发

总项目主持人　谭移民

上海市中等职业学校
船体修造技术专业教学标准开发
项目组成员名单

项目组长	王咏亮	江南造船集团职业技术学校
项目副组长	薛智伟	江南造船集团职业技术学校
项目组成员	（按姓氏笔画排序）	
	王　楠	沪东中华造船高级技工学校
	王振华	上海船厂技工学校
	陈之祥	江南造船集团职业技术学校
	张洪兵	上海船厂技工学校
	张鸣春	江南造船集团职业技术学校
	周沪甬	江南造船集团职业技术学校
	林婉瑶	江南造船集团职业技术学校
	姜晓钰	江南造船集团职业技术学校
	顾淑华	江南造船集团职业技术学校
	凌　浩	沪东中华造船高级技工学校
	唐敏蓉	沪东中华造船高级技工学校
	崔　伟	江南造船集团职业技术学校
	韩　亮	江南造船集团职业技术学校
	喻兴文	江南造船集团职业技术学校

上海市中等职业学校
船体修造技术专业教学标准开发
项目组成员任务分工表

姓　名	所　在　单　位	承　担　任　务
王咏亮	江南造船集团职业技术学校	船体修造技术专业教学标准研究与推进
薛智伟	江南造船集团职业技术学校	专业教学标准研究、撰写、文本审核与统稿
张鸣春	江南造船集团职业技术学校	专业教学标准研究、文本审核与统稿
喻兴文	江南造船集团职业技术学校	专业教学标准研究、文本审核与统稿 承担船体分段制造课程标准研究与撰写
崔　伟	江南造船集团职业技术学校	承担力学基础课程标准研究与撰写
林婉瑶	江南造船集团职业技术学校	承担机械制图课程标准研究与撰写
顾淑华	江南造船集团职业技术学校	承担船舶概论课程标准研究与撰写
陈之祥	江南造船集团职业技术学校	承担船体部件装配课程标准研究与撰写
周沪甬	江南造船集团职业技术学校	承担船体结构与识图课程标准研究与撰写
姜晓钰	江南造船集团职业技术学校	承担船体总组搭载课程标准研究与撰写
韩　亮	江南造船集团职业技术学校	承担装配操作技能课程标准研究与撰写
王　楠	沪东中华造船高级技工学校	承担 CO_2 气体保护焊技能课程标准研究与撰写
王振华	上海船厂技工学校	承担焊条电弧焊技能课程标准研究与撰写
凌　浩	沪东中华造船高级技工学校	承担船体修造技术课程标准研究与撰写
唐敏蓉	沪东中华造船高级技工学校	教学标准研究、文本校对
张洪兵	上海船厂技工学校	教学标准研究、文本校对

图书在版编目（CIP）数据

上海市中等职业学校船体修造技术专业教学标准 / 上海市教师教育学院（上海市教育委员会教学研究室）编.
上海：上海教育出版社，2024.10. — ISBN 978-7-5720-2693-5

Ⅰ.U671.4-41；U672.1-41
中国国家版本馆CIP数据核字第2024FH8490号

责任编辑　杜金丹
封面设计　王　捷

上海市中等职业学校船体修造技术专业教学标准
上海市教师教育学院（上海市教育委员会教学研究室）　编

出版发行　上海教育出版社有限公司
官　　网　www.seph.com.cn
地　　址　上海市闵行区号景路159弄C座
邮　　编　201101
印　　刷　上海叶大印务发展有限公司
开　　本　787×1092　1/16　印张6.25
字　　数　123千字
版　　次　2024年10月第1版
印　　次　2024年10月第1次印刷
书　　号　ISBN 978-7-5720-2693-5/G·2376
定　　价　38.00元

如发现质量问题，读者可向本社调换　电话：021-64373213